Couverture Inférieure manquan

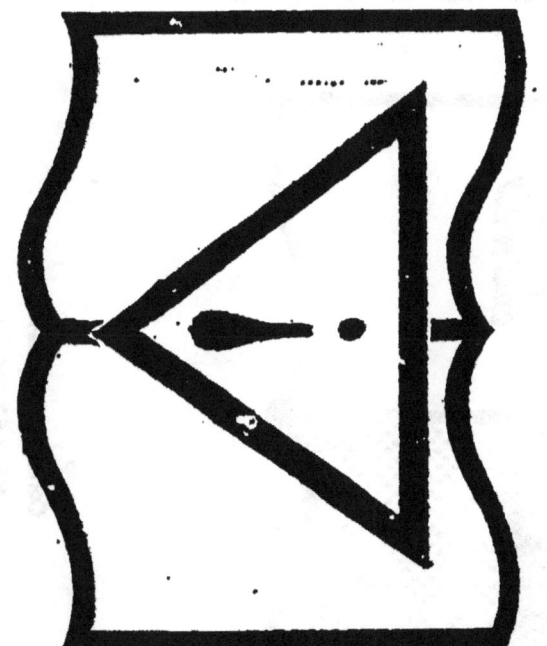

CE DOCUMENT A ETE MICROFICHE
TEL QU'IL SE PRESENTAIT

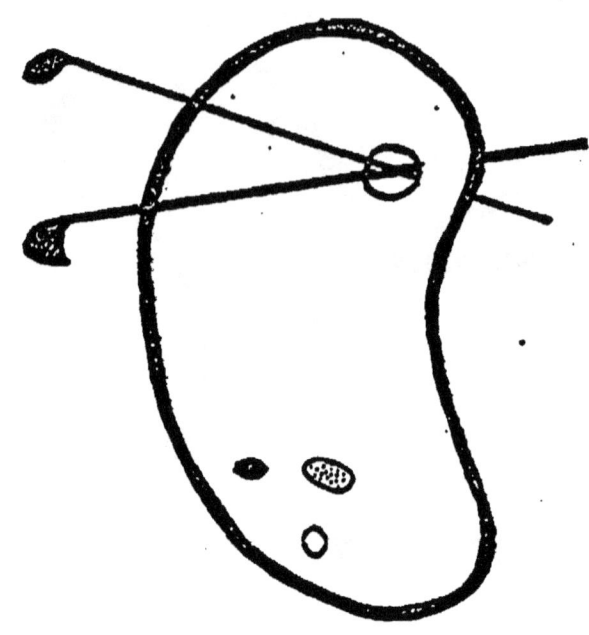

DEBUT D'UNE SERIE DE DOCUMENTS EN COULEUR

Contraste insuffisant
NF Z 43-120-14

... Français en Birmanie

VOYAGES ET TRAVAUX

Les Ambassadeurs birmans en costume d'apparat.

(2ᵐᵉ Édition)

OLLENDORFF ÉDITEUR

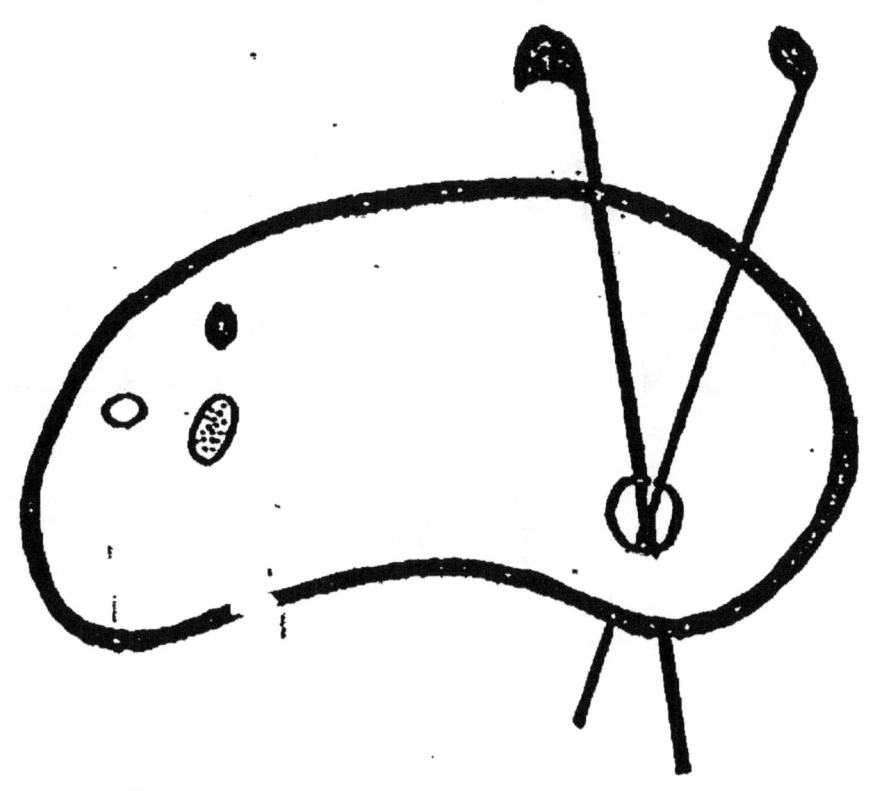

FIN D'UNE SERIE DE DOCUMENTS EN COULEUR

UN FRANÇAIS
EN BIRMANIE

UN FRANÇAIS
EN
BIRMANIE

OUVRAGE RÉDIGÉ

Sur ses Notes de Voyage

PAR

Le Cte A. Mahé de La Bourdonnais

Ingénieur, Explorateur en Birmanie et Siam
Membre de la Société Indo-Chinoise;

ET COMPLÉTÉ

Par M. Gabriel MARCEL

Attaché à la Section géographique
de la Bibliothèque Nationale.

AVANT-PROPOS

Le développement de notre colonie de Cochinchine, l'établissement de notre protectorat sur l'Annam et le Tonkin, la tension de nos rapports avec la cour de Hué, le percement peut-être plus rapproché qu'on ne croit, de l'isthme de Kra et ses conséquences économiques, tels sont les mobiles qui nous ont déterminés à écrire cet ouvrage.

On connait les tentatives de nos officiers de marine, MM. Doudart de Lagrée, Francis Garnier et Delaporte, d'un de nos plus habiles commerçants, l'intrépide Dupuis pour ouvrir une voie de communication avec les provinces méridionales de la Chine; c'est là la route française.

Ce qu'on sait moins, dans notre pays, c'est que les Anglais travaillent depuis longtemps, sans trêve ni merci, à se créer d'un autre côté des relations avec le Yunnan et les provinces du sud-ouest de la Chine. On ne compte plus aujourd'hui le nombre de leurs voyageurs qui ont tenté d'arriver au Kouang-si, au Se-Tchouen, au Kouei-Tcheou et au Yunnan en remontant la rivière de Canton, le Brahmapoutre ou l'Irraouaddy. On sait le nom de M. Margary, parce que sa tentative a échoué d'une façon trop dramatique et trop malheureuse pour que l'opinion publique ne fût pas forcée de s'en émouvoir. On connait le nom de M. Colquhoun dont le voyage est tout récent, mais combien d'autres, qui n'ont eu pour but que de faciliter à leurs compatriotes le chemin de la Chine méridionale et l'exploitation de ses richesses, n'ont laissé aucune trace de leurs tentatives, ou se sont réfugiés dans une obscurité voulue.

Ce n'est pas d'aujourd'hui que date ce projet des Anglais dont l'ambition est secondée par une tenacité merveilleuse qui devrait nous servir d'exemple.

Leur premier soin fut de se créer une base d'opérations sérieuse et, pour cela, ils se sont successivement emparés des trois provinces d'Arakan, de Pégu et de Tenasserim, d'où ils comptaient bien rayonner à plaisir dans tout le royaume d'Ava. Ils y ont, en effet, établi des centres importants de commerce et d'exploitation; et, en peu de temps, grâce à des informations habilement réunies, ils ont connu les produits de la haute Birmanie dont l'exploitation devait être rénumératrice et les marchandises qu'ils avaient chance d'y vendre à bon compte.

Les avantages que la cour d'Ava crut retirer de ces relations la déterminèrent, en peu de temps, à concéder à une compagn' anglaise l'établissement d'une ligne de bâteaux à vapeur qui, remontant aujourd'hui jusqu'à Bahmo, mettent en communication rapide le pays avec la mer, route forcée de tous les produits qu'on veut exporter.

D'un autre côté, toujours à l'affût de ce qui peut assurer le développement de leur commerce, les Anglais tentaient, il y a deux ans, de s'entendre avec le royaume de Siam pour l'établissement d'une ligne télégraphique destinée à relier Bankok avec Rangoon et le réseau de l'Inde.

J'étais, à cette époque, attaché comme ingénieur à la construction de cette ligne télégraphique. C'est ce qui m'a permis de parcourir la contrée dans des conditions de sécurité toutes particulières et de mettre le pied dans des districts où jamais Européen n'avait pénétré.

S'il nous importe, dès aujourd'hui, de connaître des contrées avec lesquelles nous n'avons encore que des relations indirectes, combien plus de raisons n'aurons nous pas de savoir leurs besoins, et leurs ressources lorsque s'effectuera le percement de l'isthme de Kra. C'est alors, véritablement, que prendront une importance toute nouvelle Bankok et Saïgon au détriment de Singapour. Ce canal sera la route la plus courte pour gagner la Chine et l'on devra forcément s'arrêter dans notre colonie de Saïgon, où se rencontreront non seulement les vivres et le combustible dont a besoin tout steamer, mais où l'on trouvera des docks, des cales et tout ce qu'il faut pour réparer les avaries auxquelles sont exposés les bâtiments dans ces mers sujettes aux typhons et aux ouragans.

Notre rôle est nettement marqué : développer d'abord nos relations commerciales, puis étendre insensiblement notre influence économique sur l'Indo-Chine tout entière qui, nous l'espérons bien, sera pour nous, dans un avenir plus ou moins éloigné, une compensation à cet immense empire de l'Inde que l'indifférence et l'impéritie des gouvernements de Louis XV et Louis XVI nous ont fait perdre. Telles doivent-être nos visées pour l'avenir. A chacun, dans la mesure de ses forces et de ses moyens, d'en préparer la réalisation.

Paris le 1er Septembre 1883

UN FRANÇAIS EN BIRMANIE

CHAPITRE I.

Ce que c'est que la Birmanie Anglaise. — Ses limites et sa superficie. — Population. — Aisance relative des habitants. — Aspect de la côte. — L'intérieur. — Fleuves et rivières. — L'Irraouaddy et ses sources.— Le *pandit* Alaga. — Les populations riveraines du haut Irraouaddy. — Importance diplomatique d'une bûche de bois flotté. — Aspect général et ressources de la Birmanie. — Les bois.

Débarrassons de suite le terrain de tout ce qui est légèrement aride et faisons, aussi rapide que possible, un chapitre que le lecteur passera sans doute, — et il aura tort, — car il est bon de connaître le pays où l'on s'engage.

Et tout d'abord, nous voilà sur la côte occidentale du golfe de Bengale. Depuis l'embouchure du Gange, ou plutôt un peu au-dessous, jusqu'à Malacca, ou plutôt un peu au-dessus, vers cet étranglement de la presqu'ile qu'on songe à couper comme un simple isthme de Panama, et qui a nom Kra, suivez cette longue ligne de côtes qui part de l'estuaire de la Naaf par 20° 50' nord et descend jusqu'au Pakchan par 9° 55' nord, soit un intervalle de onze degrés environ, ce qui ferait à peu près 1265 kilomètres en ligne droite, mais ce qui, à cause du coude que décrit la côte aux approches du golfe de Martaban, en fait environ 1900.

Voilà pour la longueur; quant à l'épaisseur, elle est on ne peut plus variable; tantôt 65 kilomètres, tantôt 165, et, comme la frontière, à l'intérieur, suit la crête d'une chaine de montagnes qui n'a jamais été complètement levée, comme le pays n'a pas encore, dans toutes ses parties, été soumis au travail de l'arpentage, on ne peut donner pour son aire que des chiffres approximatifs. On est, cependant, assez généralement d'accord pour lui attribuer, en chiffres ronds, une superficie de 230.000 kil. carrés, chiffre respectable, puisque c'est à peu près la superficie des Iles Britanniques.

Sur cette immense étendue de terrain, le recensement de 1873 n'accusait qu'une population très clairsemée qui ne dépassait pas onze habitants par kilomètre carré! Mais le rapport dont le *Times* du 19 aout 1882 a donné l'analyse, rapport qui résumait les principaux résultats du recensement opéré l'année précédente, constatait, depuis 1873, une augmentation de 36 0/0.

Ce n'est pas en France, malgré tout le besoin que nous en avons, qu'on peut enregistrer une pareille augmentation. Avec une telle force de reproduction, notre nationalité ne serait pas, de sitôt, effacée du grand livre de l'humanité!

Qu'on n'aille pas croire, cependant, que la masse de la population soit en proie aux horreurs de la faim et de la misère! Une famille de six personnes dépense, année moyenne, trois cents francs pour acheter des objets de fabrication étrangère et des bijoux! Si l'aisance est générale, on ne peut pas dire toutefois qu'il y ait de grandes fortunes; cela tient à la prodigalité universelle, à l'amour effréné du jeu et des représentations théâtrales et à la fréquence des donations faites aux pagodes. Par contre, le Birman n'aime pas les dettes et il n'a pas plus tôt fait une bonne récolte qu'il s'empresse de se libérer et de liquider sa situation.

Pour bien connaître l'homme, il faut n'être étranger à aucune des conditions de climat, de sol, de race et d'influences qui modifient sa manière d'être. Assurément, le *milieu* n'est pas tout, car on se ressent toujours de son origine et l'on garde en soi certains traits indélébiles qui sont communs à toute la race, mais les modifications qu'apportent le mélange du sang pendant une longue suite d'années, ainsi que le changement de climat et par suite d'habitudes, ne sont plus niées par personne.

Décrivons donc le pays dans lequel vit la nation birmane, étudions la au point de vue ethnographique, retraçons les étranges vicissitudes par lesquelles elle a passé, ce sera le moyen de connaître ses aptitudes, d'expliquer ses mœurs et de présager ses destinées futures.

Prenons la côte tout d'abord.

La carte nous indique qu'elle est ourlée d'un grand nombre d'îles basses, découpée en estuaires profonds, formée à perte de vue de plages unies que la mer recouvre facilement. Au large, l'accès en est défendu, jusqu'à neuf ou dix milles, aux bâtiments de fort tonnage par une chaîne de bancs de sable qui découvrent, pour la plupart, à mer basse, et dont les mailles ne sont rompues qu'en face des rivières et des fleuves. Les plus importants de ces hauts fonds sont ceux de Baragoua et de Krishna dont un feu flottant indique les dangers aux navigateurs. Des nombreux archipels qui frangent la côte, les plus importants sont ceux de Chedousa, de Ramree et de Mergui.

A l'intérieur, le pays est divisé par deux grandes chaînes de montagnes qui descendent de l'Assam: l'Arakan et le Pegu Romas. La première, le *mons Menandrus* de Ptolémée, renferme, surtout près des frontières du Manipour, des pics assez élevés et se continue dans la mer par les sommets qui portent les noms d'îles des Cocos, Andaman, Nicobar, etc. La partie de cette chaîne, connue sous le nom de Montagnes bleues, voit quelques unes de ses cimes s'élever à une hauteur considérable, certaines même dépasseraient, dit-on 8000 pieds au-dessus de la mer; il y a là un massif très enchevêtré où les contreforts et les éperons se croisent et s'entrecroisent, revêtus de forêts épaisses. C'est une région très peu habitée, presque inexplorée, où la science aura, sans doute, fort à faire pour établir, d'une façon certaine, le relief du sol.

A mesure qu'elles s'approchent de la mer, ces montagnes s'abaissent, mais elles sont si escarpées, si précipiteuses qu'on ne peut les traverser que par des passes depuis longtemps connues et fréquentées.

Quant au Pegu Roma, il sépare les vallées de l'Irraouaddy et du Tsittang, et se termine au bord de la mer, à Rangoon, en une dernière ondulation dont on a fait la plateforme de la Shwe Dagoon Pagoda. Cette chaîne renferme aussi quelques pics très élevés.

Enfin, à l'est de la Salouen, une chaîne de montagnes, détachée de l'Himalaya, court vers le sud, jusqu'à l'extrémité de la presqu'île de Malacca et forme la frontière entre les possessions anglaises et le royaume de Siam. Ses roches de granit sont tapissées d'une herbe courte et de touffes de rhododendrons sauvages. Bizarrement découpées, elles détachent vigoureusement leurs formes arrondies ou coniformes sur un ciel bleu d'une étrange intensité. Quelques voyageurs ont comparé ces pittoresques montagnes à celles de la Suisse et ne les ont pas trouvées inférieures aux beautés devenues classiques de la vieille Helvétie.

Comme il est facile de le supposer, ces chaînes de montagnes découpent la Birmanie en grandes vallées parallèles sur lesquelles viennent s'en brancher d'autres plus petites qu'arrosent un grand nombre de cours d'eau, dont quelques uns très importants.

En partant du nord, ce sont la Naaf, le Ma-yoo, le Koo-la-dan, nommé par les Européens rivière d'Arakan, et par les indigènes Ghat-tsha-ba. Son entrée, protégée des vents et des vagues du large par les îles Savage et Borongo, forme un hâvre spacieux que rend, par malheur, impraticable aux gros bâtiments une forte barre de sable. Quant à la rivière, elle n'est navigable que jusqu'à 120 milles d'Akyab, point au-dessus duquel une succession de chûtes et de rapides n'en permet l'accès qu'aux petites embarcations.

Citons aussi la rivière Sandoway qui n'est navigable que jusqu'à la ville du même nom et passons à l'Irraouaddy. Mais ici, nous demanderons au lecteur la permission de nous arrêter quelques instants, les sources de l'Irraouaddy ne sont pas encore connues, leur recherche a donné lieu à nombre d'expéditions intéressantes et à des discussions passionnées qui ne sont pas encore calmées de nos jours, comme on peut s'en rendre compte en lisant le numéro de mai 1882 des *Proceedings of the royal geographical Society of London*. C'est d'après cet important recueil que nous allons résumer l'état de la question et rendre compte de la dernière exploration du pandit Alaga.

En 1879, l'ingénieur chargé de la construction des digues de l'Irrouaddy a publié un très important rapport qui n'a malheureusement pas été mis dans le commerce (1) et dans lequel il reprenait cette vieille théorie de notre d'Anville que le Sampo n'était que le cours supérieur de l'Irraouaddy,

Cette thèse a été formellement contredite par certains géographes modernes et la récente exploration

---

(1). Robert Gordon. — Report on the Irrawaddy river. 4 vol. avec atlas.

que nous allons résumer semble la reléguer à jamais dans le pays des rêves.

Quelques mots d'explication ne seront pas de trop.

C'est pour la première fois au XVIII° siècle que le Sampo paraît sur une carte ; notre grand géographe d'Anville en a appris l'existence des missionnaires jésuites dont les travaux lui ont tant servi. Ce Sampo, qui traverse le Thibet de l'ouest à l'est entre deux chaînes de l'Himalaya, court parallèlement à ces montagnes jusque par 94° de latitude est du méridien de Greenwich.

Est-ce un tributaire du Brahmapoutre ? Il faudrait alors qu'il fît un angle presque droit. Est-ce au contraire un affluent de l'Irraouaddy, sinon le cours supérieur de ce fleuve, comme le veut M. Gordon ? Mais alors, l'Irraouaddy ne prend pas sa source par 28° comme on l'admet généralement, il se prolonge en s'infléchissant vers l'est jusque par 28° 1/2, pour courir alors de l'est à l'ouest, puis du sud au nord ouest jusqu'à ce qu'il rencontre, un degré plus haut, le Sampo non loin du coude qu'il fait avec son cours originel.

Or, si l'existence du Sampo est connue depuis le XVIII° siècle, ce n'est qu'en 1865 qu'un *pandit* réussit à en suivre et à en relever le cours depuis 84° jusqu'à Lhassa. Depuis cette époque, les explorateurs se sont succédé et les deux derniers, le lieutenant Harman et le capitaine Woodthorpe arrivent à une conclusion identique : le Sampo mesuré à 100 milles du point extrême connu du Dihong, affluent du Brahmapoutre, a un débit, une vitesse et une profondeur qui correspondent exactement à celles du Dihong, c'est donc un seul et même cours d'eau.

La plus ancienne tentative pour atteindre les sources de l'Irraouaddy remonte à 1826; elle fut faite par le lieutenant Wilcox. Cet officier, parti de l'Assam, arriva près de la source du fleuve, pensait-il, à un endroit où une série de rapides, de blocs de roches éboulées, obstruaient la rivière large de 80 yards et qui se perdait dans d'étroits défilés assombris par le brouillard au-dessus duquel perçaient les cimes chenues des montagnes Bleues.

A Sadiya, le voyageur apprit l'existence d'une branche orientale du fleuve; c'était peut-être la plus importante, mais plusieurs de ses compagnons avaient succombé, lui-même était épuisé; il dut revenir en arrière.

En partant de la Birmanie, le premier qui dépassa Bahmo fut le Dr Anderson, en 1868; plusieurs marchèrent sur ses traces et notamment un certain M. Strettel qui prétendit être arrivé, en 1874, par 26° au confluent des deux rivières, assertion dont la fausseté a été démontrée par l'exploration d'Alaga.

C'est en 1879 que ce dernier fut expédié par le major Sandeman de l'état-major du Bengale, pour remonter la rivière le plus haut possible. La dernière affirmation de M. Gordon que l'Irraouaddy roulant trois et neuf fois plus d'eau que le Meinam et la Salouen qui lui sont parallèles, devait parcourir trois et neuf fois plus de pays et qu'il était, par conséquent, impossible de le confiner dans la vallée birmane, avait déterminé M. Sandemann à essayer de résoudre ce problème tant de fois cherché. Il n'hésita pas à confier cette tâche difficile à l'un de ces *pandits* qui ont été envoyés par le gouvernement de l'Inde dans le Thibet et qui ont rendu de signalés services à la géographie.

Le Birman connu sous le pseudonyme Alaga était instruit, depuis longtemps familiarisé avec l'usage du sextant, rompu aux observations astronomiques et hypsométriques ; il avait donc tout ce qu'il fallait pour mener à bien une telle expédition.

Parti de Bahmo avec deux compagnons, il remonta en bateau jusqu'à Kacho, ville importante dont il établit la situation par 25° 20' à mille pieds au-dessus de la mer. Puis, il s'avança par terre, mesurant les distances au podomètre et explorant le pays jusque par 26° 8'.

Arrivé au village de Poupsanpoun, l'explorateur se trouva en présence du confluent de deux branches de la rivière, dont l'une, celle qui était le plus à l'ouest, semblait avoir, aussi loin que la vue pouvait porter, cinq cents pas de large environ. C'était donc, à ne pas s'y tromper, la continuation même de l'Irraouaddy dont la largeur n'était pas plus grande.

Quant à la branche orientale, lorsque le *pandit* la traversa le lendemain, il fut plongé dans un étonnement extrême en ne lui reconnaissant qu'une largeur cinq fois moins considérable. Bien loin d'être rempli d'eau, le lit de la rivière était divisé par d'innombrables bancs de sable et des marécages. Constatation d'une importance extrême, car, si l'information recueillie par Wilcox, au sujet des deux branches qui se réunissaient pour former l'Irraouaddy, était exacte, elle se trouvait en même temps rectifiée en ce sens que ce n'était pas la branche orientale, comme l'avait avancé cet explorateur, mais bien la branche occidentale qui était la plus importante.

Dès qu'Alaga eut acquis la conviction qu'il ne se trompait pas, il revint vers la plus grosse branche du fleuve dont il trouva le volume encore plus fort, grâce à la fonte des neiges dans les montagnes où elle prend sa source.

Mais bientôt, le pandit put se convaincre qu'il serait impossible d'atteindre le massif d'où sort l'Irraouaddy. Il résolut alors, afin de rendre son voyage aussi fructueux que possible, de réunir sur ces localités si peu connues et sur leurs habitants dont les relations avec les Européens avaient été si rares, tous les renseignements propres à nous former une opinion.

A Kacho, il apprit que les sources de la rivière sont situées dans le pays de Kantee, à vingt trois marches de distance, par 28° environ, ce qui concorde assez bien avec les informations recueillies par Wilcox. Quant à la branche orientale, elle se subdiviserait à son tour en deux rivières dont l'une sort du même massif de montagnes neigeuses que la branche occidentale et dont l'autre sert de déversoir à un lac situé à cinq ou six jours de marche en territoire chinois.

En somme, il paraît résulter de ces renseignements

que le Sampo n'est pas le cours supérieur de l'Irraouàddy, mais bien celui du Brahmapoutre, que la source du fleuve doit bien être placée, comme le voulait Wilcox par 28 degrés et qu'enfin la branche orientale sur laquelle certains géographes avaient fondé leur espoir est la plus petite et qu'elle est au plus bas de l'étiage lorsque la branche occidentale est en crue.

Quant au pays traversé par Alaga, il est très pittoresque et produit en abondance le tek, le caoutchouc, le thé, le coton et, parmi les minéraux, l'or et le cuivre. La dernière ville de la Birmanie indépendante est Maingna; au-delà, les habitants divisés en un grand nombre de clans, ne paient pas tribut au Burma et vivent entre la Chine et ce royaume dans une indépendance absolue que leur courage et la difficulté des lieux qu'ils habitent ont mise jusqu'ici à l'abri de toute entreprise. Ces gens portent le nom générique de Kachins, ce sont jusqu'au 26ᵉ degré, les Kansa Kachins, race sauvage et indomptable dont les *souabas* ou maires de village, ne reconnaissent aucune autorité supérieure. Au-dessus de ceux-ci, il faut placer les Khanloung Kachins dont les *souabas* obéissent à un chef suprême, le *marangyee*.

A l'Est vivent les Maroos dont le territoire s'étend jusqu'à cette ligne de faîte au delà de laquelle on rencontre un peuple habillé de vêtements blancs, qui parle une langue inconnue, sans doute le thibétain.

En somme, tous ces Kachins, à quelque tribu qu'ils appartiennent, forment une population dense, aux habitudes sédentaires, rude, sauvage, indécente, très voisine de la brute, chez laquelle l'esclavage est pratiqué, les esclaves étant troqués contre de l'opium ou des bestiaux.

Tel est le pays qu'arrose le cours supérieur de l'Irraouaddy, telles sont les tribus qui vivent sur ses bords.

Que si, maintenant, nous suivons le cours du fleuve, nous le verrons, après avoir parcouru 100 milles de pays, traverser successivement trois défilés. Au premier dont les falaises ne sont éloignées que de 50 mètres, la masse de l'eau accumulée est tellement profonde qu'on ne trouve pas le fond à 75 mètres. En aval de Bahmo se trouve le second défilé. C'est non loin de la pagode de The-ha-daw, que le dr Williams [1] a constaté, non sans étonnement, la présence d'énormes *dog-fishes* apprivoisés, qui, à l'appel du batelier : *tit, tit, tit, tit,* venaient ranger le bordage de l'embarcation, et faisaient hors de l'eau des bonds prodigieux pour se disputer la nourriture qu'on leur jetait.

C'est ici que commence à proprement parler, la vallée d'Ava. Après avoir franchi un dernier défilé près de Mandalay, l'Irrouaddy prend un cours régulier et devient navigable jusqu'à la mer. Ce n'est qu'après avoir rencontré dans le voisinage de Prome, un éperon détaché de la chaîne de l'Arakan que le delta commence. Les branches les plus importantes sont la rivière de Bassein qui se détache dans l'Ouest à peu de distance de Henzada et que peuvent remonter

---

[1] Through Burma to China, p. 51.

jusqu'à Bassein les navires d'un fort tonnage et la rivière de Rangoon que pratiquent jusqu'à quelques milles au dessus de cette ville les bâtiments du plus fort tirant d'eau, jusqu'à Hle-tshiep ceux, de 200 à 300 tonnes et jusqu'à Ta-pwon les barques d'un faible échantillon; la profondeur de l'eau n'étant jamais inférieure à trois pieds. Le cours du fleuve, de sa source au golfe du Bengale est de 900 milles dont 240 en territoire anglais.

Parmi les cours d'eau les plus importants de la Birmanie anglaise, citons encore la rivière de Pégu qui descend des pentes méridionales du Pegu Roma. A peu près à sec pendant l'été, elle communique avec le Tsittang par plusieurs canaux. Ce dernier fleuve, qui porte chez les indigènes plusieurs noms différents, présente un développement considérable, puisque la longueur de la vallée qu'il arrose n'a pas moins de 350 milles en territoire anglais. Les Birmans pensent que ce fleuve a une communication souterraine avec le grand lac Gnyoung-rwé, mais rien n'est venu, jusqu'à ce jour, justifier cette assertion. C'est dans le golfe de Martaban que tombe le Tsittang, fleuve sujet à des mascarets terribles, dont les ravages s'étendent au loin.

Quant à la Salouen, on ne sait encore rien de positif sur sa source, certains auteurs veulent voir dans l'une des grandes rivières du Thibet sa partie supérieure, mais il est difficile de concilier un cours si étendu avec le volume peu important de ses eaux. Plus vraisemblablement, sa source doit se trouver au

Nord du Yunnan, dans la partie orientale de l'Himalaya. Elle se précipite à travers les états Shans et Kareng par une étroite vallée presque déserte ; son cours extrêmement rapide est coupé de roches et les affluents qu'elle reçoit sont aussi faibles que peu nombreux. Avant de se jeter dans la mer, ce fleuve se divise en deux branches, l'une, la rivière de Martaban, est praticable pour les bâtiments d'un faible tonnage, tandis que la seconde peut-être facilement remontée jusqu'à Moulmein par des navires d'un fort tirant d'eau.

Le rédacteur anonyme du *Bristish Burma Gazetteer* raconte, à propos de ce fleuve, une anecdote assez curieuse. On sait qu'après la première guerre avec les Anglais, en 1826, la Salouen devint ligne de frontière entre les territoires restés au roi de Birmanie et ceux dont prenaient possession ses rapaces vainqueurs. Une question fort délicate s'éleva : Quelle était du Daraï-bouk ou de l'Amherst, le véritable cours du fleuve? Les Birmans penchaient pour le dernier, parce qu'ils conservaient ainsi l'île de Bhee-loo-gyoo ; les Anglais naturellement pour le premier, par la raison contraire. Le procès aurait pu rester plusieurs années en suspens, si l'on ne s'était avisé d'un moyen ingénieux de trancher la question. Deux troncs de palmiers furent liés ensemble et on les abandonna au fil de l'eau. Arrivés à la hauteur de Martaban, ils restèrent stationnaires deux ou trois minutes, comme pénétrés de l'importance de l'acte qu'ils allaient accomplir, puis, emportés par le courant, ils embouquèrent le Daraï-bouk et voilà comment Bhee-loo-gyoon devint anglais.

La plus méridionale des rivières dont nous avons à parler est le Tavoy qui descend des montagnes du même nom; c'est un petit cours d'eau qui n'a pas plus de 3 ou 400 mètres de large, qui n'est navigable que pour les petits caboteurs ne calant pas plus de six ou sept pieds. Quant aux bâtiments plus forts, ils doivent s'arrêter à 30 milles au dessous de la ville, en un endroit qu'on appelle Goodridge.

Nous venons d'indiquer en détail les grands traits du relief du pays, il est bon de consacrer quelques lignes à son aspect général; les différentes chaînes de montagnes découpent toute la Birmanie en une série de grandes vallées coupées elles-mêmes par des collines couvertes de bois et de jungles. De route, nulle part. On n'aperçoit de voie de communication qu'à l'entrée des villages, sentiers tracés par les habitants plutôt que routes et chemins, à l'entretien desquels ne concourt aucune administration. Partout, on est pour ainsi dire, en pleine nature, aussi les animaux féroces ont-ils bon temps! Les grands chemins sont les cours d'eau. L'administration sait fort bien que les ponts font défaut, qu'aucun chemin ne relie le plus souvent les villages aux grandes routes, à la voie ferrée et aux rivières. Mais son excuse, s'il faut s'en rapporter aux estimations de ses ingénieurs, c'est le haut prix des routes à établir. Il faudrait évaluer à 700 livres sterling par mille soit 11.000 francs le kilomètre, la dépense à faire pour ces routes, dont il serait d'ailleurs indispensable d'établir une grande partie en chaussée à cause des inondations.

Avec le budjet si restreint dont on dispose pour les travaux publics, il est impossible d'entreprendre même tout ce qui est nécessaire; on ne fait que l'indispensable, mais, ce n'est pas sans un serrement de cœur qu'on songe à toutes les ressources qu'on laisse, par cela même, inexploitées, ou dont on ne tire qu'un médiocre parti : bois de construction et d'ébénisterie de toute nature, sources sulfureuses, ferrugineuses ou salées, huiles minérales, charbon, dont le Dr Oldham a constaté la présence dans le Pégu et le Tenasserim, l'étain, le bismuth, le manganèse, l'antimoine, la terre à potier, l'ambre qu'on trouve près de Sagan dans la haute Birmanie, l'or, le fer, le cuivre, la pierre à bâtir, le calcaire, le granit, et une sorte de grès argileux et mou, appelée Andagoo-Kyouk par les Birmans et qui remplace le marbre, sans compter toutes ces gemmes et pierres précieuses, rubis, saphirs, émeraudes, grenats ou turquoises. Mais qu'est-ce encore que toutes ces richesses en comparaison des bois [1] qu'on rencontre aussi bien dans le delta des fleuves que dans les gorges et sur les flancs des plus hautes montagnes? Dans les marécages, au bord de la mer, sur les dépôts alluvionnaires et dans les parties soumises aux grandes crues, ce sont les palétuviers, les pandanus, le *phœnix paludosa*, les plantes

---

[1] Les lecteurs curieux de détails plus nombreux et plus précis liront avec fruit *l'Étude sur la végétation, l'administration et les produits des forêts de la Birmanie* parue dans le n° 15 des Excursions et reconnaissances, publié par le gouvernement de la Cochinchine française.

grimpantes, les orchidées, les fougères. Dans ce qu'on appelle, là-bas, les forêts tropicales, on rencontre des arbres de 150 à 200 et même de 250 pieds de haut, des bambous de 80 à 100 pieds de haut, partout la fougère y remplace le gazon. Puis, ce sont des forêts interminables *d'evergreens* et de chênes, enfin ces immenses plantations naturelles de tek d'une valeur inappréciable.

Ces ressources si précieuses, dont la nature s'était montrée si prodigue envers la Birmanie, le gouvernement national les avait laissé gaspiller avec une indifférence coupable.

Une des premières mesures de l'administration anglaise fut, en 1826, sur le rapport du Dr Wallich, de décider que les forêts deviendraient propriété domaniale. L'exploitation n'en est donc plus libre, comme autrefois.

Les teks ont été mis spécialement sous la protection et le contrôle des agents forestiers. Une série de mesures qu'il serait fastidieux d'énumérer ont été édictées pour leur conservation. C'est ainsi qu'afin d'en faciliter l'exploitation, on a désigné un certain nombre de rivières et de cours d'eau qui doivent être, en tout temps, libres de toute obstruction artificielle; auxquels il est défendu de pratiquer des saignées en vue d'irrigations, sur lesquels on ne peut élever ni moulins, ni construction d'aucune sorte.

Comme la demande du bois de tek devenait tous les jours plus considérable, le gouvernement s'est décidé à créer des réserves et à procéder à des plantations. Après quelques essais, une pépinière expérimentale fut installée en 1857 sur la rive occidentale de l'Irraouaddy, un peu au dessous de Prome, sur une soixantaine d'hectares et les résultats favorables obtenus ont décidé le gouvernement à multiplier ces *nourriceries* comme disent les Anglais.

Si la conservation des forêts de tek, par le nombre considérable d'agents qu'exige ce service, coûte terriblement cher au gouvernement, on sait cependant que déjà le revenu est double de la dépense et l'on estime que dans soixante ou soixante-dix ans ces forêts rapporteront, par an, douze millions et demi de francs.

En 1881, on n'a pas exporté pour moins d'un million de bois de tek. Les lots de bois à exploiter, ceux les moins avantageux, sont ordinairement concédés pour un lac de roupies soit 250.000 francs; quant aux autres, ils varient suivant le feu des enchères. Des deux principales compagnies qui font le commerce des bois, l'une est dirigée par un certain M. Darwood, agent du prédécesseur du roi Thibau, l'autre est connue sous la raison sociale *Bombay trading corporation*.

Les essais de plantations de tek ayant réussi, on s'est mis également à planter des chinchonas en 1868, la variété *succirubra* est la seule qui ait réussi dans une certaine mesure. Enfin, plus récemment, on a introduit le *ficus elastica*, mais il est encore impossible de savoir si ce caoutchouc conservera toutes ses qualités.

Parmi les essences les plus précieuses à divers

points de vue, nous ne citerons que le *Pyeng-ma*, (Lagerstrœmia reginœ), bois rouge excellent pour la construction des navires, le *Pyeng-ga-do*, (Xylia dolabriformis) excellent pour les travaux qui regardent l'ingénieur ou l'architecte, l'*Eng* (Dipterocarpus tuberculatus) dont on extrait une résine jaune, le *gyo* (Schleichera trijuga), bois très dur et très serré propre à faire des presses pour le coton, des cylindres pour moulins à sucre, le *Then-gan* (Hopea odorata), un des plus beaux arbres de la contrée, excellent pour les constructions nautiques, le bambou aux multiples emplois et enfin le cocotier, (coco nucifera), qui fournit l'huile du commerce.

CHAPITRE II.

Rangoon. — La ville, son histoire, son importance commerciale et ses monuments. — Visite désagréable. — Tremblement de terre. — Voyage sur l'Irraouaddy jusqu'à Bassein. — Une noce sur l'eau. — Un enterrement en canot. — Fête villageoise. — Bassein et le commerce du riz. — Dégâts causés à la pagode par le tremblement de terre. — Inauguration du pinacle de la pagode.

A mesure qu'on approche de Rangoon, aux plages sans grand caractère qui forment l'entrée de la rivière succèdent des scènes plus animées, les villages se pressent, et rompent la monotonie des rizières interminables, le sol devient onduleux, on croise de nombreuses embarcations et trois heures avant d'atteindre la ville on aperçoit la flèche conique de la fameuse *Shwé Dagoon pagoda*.

C'est le 3 août 1880 que je fais modestement mon entrée dans la capitale de la Birmanie anglaise. Mais, avant de raconter les divers incidents de mon séjour, il me parait à propos de décrire, en quelques lignes, une ville qui prend tous les jours une importance plus considérable et qui ne comptait pas moins de 135.000 habitants à l'époque où je la visitai.

Rangoon est assise sur la rive gauche de la Hlaing, à son confluent avec les rivières Pegu et Pu-zwondoung. Suivant une tradition locale, la première ville qui fut longtemps connue sous le nom de Dagon aurait été fondée 585 ans avant Jésus-Christ — ce qui commence à être respectable — par les deux frères Pu et Ta-paw, qui, ayant reçu de Gautama lui-même quelques uns de ses cheveux, jugèrent à propos d'enfermer ces précieuses reliques dans une pagode qu'ils bâtirent à cet effet. De l'histoire de cette antique cité on ne sait rien, c'est-à-dire à peine moins que de Dala, aujourd'hui un important faubourg, et de Syriam où les Français eurent, pendant de longues années, des factories importantes. Gaspar Balbi qui visita le Pegu en 1579, dit de Dagon que ce n'était alors qu'une rue large de cinquante pas avec des huttes en bois plantées au milieu de jardins. Durant les guerres entre les souverains du Pegu et du Burma, Dagon changea fréquemment de maîtres.

C'est le fameux Along-pra, le souverain qui soumit aux armes birmanes tout le Pegu, qui rebâtit en partie la ville et lui donna le nom de Ran-Kun (fin de la guerre) et en fit le siège d'une vice royauté.

Pendant la première guerre entre les Anglais et les Birmans, Rangoon fut prise, comme nous aurons à le raconter plus tard, et gardée par les Anglais jusqu'à la signature du traité de Yandabau. Le roi Tharawaddy avait agrandi et embelli cette ville en 1841, — pour les Anglais, sans doute, — car elle fut prise neuf ans plus tard et depuis cette époque, la ville birmane est devenue une ville bien anglaise. La cité est divisée en carrés par des avenues larges et régulières; au nord sont les cantonnements militaires qui enferment dans leur enceinte la grande pagode dont les terrasses ont été fortifiées. Non loin de là s'étend le grand lac royal, superbe pièce d'eau bordée d'une large route promenade ordinaire des élégants des deux sexes de Rangoon.

Au centre de la ville proprement dite, qui est divisée en onze quartiers, s'élève la gare du chemin de fer, route non terminée des provinces sud-occidentales de la Chine. Non loin de là sont réunis, sans grand caractère architectural, tons les monuments publics, palais de justice, hôtel de ville, douane, télégraphe, banque du Bengale, églises, prison, hôpitaux, musée Phayre et jardin zoologique; sur les deux affluents de la Hlaing, se pressent les moulins à riz, les scieries à vapeur et autres industries qui ont besoin d'un moteur. Les marchés bien garnis, les rues éclairées au pétrole, les larges avenues complantées de beaux arbres, l'eau qui est fournie avec abondance aux habitants, et mille autres avantages précieux dénotent une municipalité éclairée qui sait dépenser avec utilité son revenu considérable — 73.582 liv. st. en 1878.

Rangoon est aujourd'hui le troisième port de l'Inde. Le chiffre d'affaires qui s'y traite annuellement est considérable, et il n'y a pas lieu de s'en étonner quand on songe à la fertilité des terrains voisins, à la facilité d'accès de la ville, à la modicité de prix de la main-d'œuvre et à cette abondance merveilleuse de tek, essence si avantageuse pour les constructions navales.

En 1877-78 les importations avaient été de 37.777.242 roupies et les exportations de 44.143.015 roupies; pour les mêmes années, le tonnage des bâtiments entrés et sortis était évalué à 1.099.955 tonnes. Je pourrais citer des chiffres un peu plus récents, mais ce sont ceux donnés par les statistiques parues au moment de mon séjour.

Dans cette ville non fermée, en communication directe avec la campagne, car la plupart des maisons indigènes sont entourées de jardins, il se produit parfois des incidents inattendus, d'un ragoût tout oriental.

J'étais un jour, bien tranquillement à faire ma sieste lorsque je fus réveillé par un brouhaha épouvantable. Je saute à la fenêtre; c'est à n'y rien comprendre. Des hommes, des femmes, des enfants se sauvent affolés, quelques uns, plus braves, courent en sens contraire, armés de fusils, de révolvers, de tout ce qui leur est tombé sous la main. Je ne fais qu'un saut dans la rue et j'apprends qu'un tigre a pénétré dans la ville. Poussé par la faim, le fauve avait tranquillement traversé la rivière à la nage et pénétré dans les faubourgs. Ahuri par les clameurs de quelques Birmans, il avait piqué droit devant lui et s'était, sans s'en douter, enfoncé au centre de la ville. Après avoir déchiré, écharpé quelques indigènes et semé la terreur sur son passage, à son tour il s'était vu poursuivi et venait de se réfugier sous une maison indigène. Au milieu de la foule entassée autour de la baraque, un policeman, en voulant armer sa carabine, venait de blesser un de ses camarades. Tapi, blotti entre les poteaux, l'animal affolé ne songe pas à vendre chèrement sa vie, il ne bouge plus lorsqu'un officier de douanes se glisse dans la cambuse, tire sur le tigre à travers les fentes du plancher, le tue et, du même coup, met fin à l'émoi de la population.

Mon séjour à Rangoon fut agrémenté par un autre incident où j'aurais pu moi-même jouer un rôle désagréable. J'étais à dessiner le 7 octobre 1880, sur les deux heures de l'après-midi, lorsqu'un roulement très sensible, accompagné d'un très fort grondement, qui dura trente secondes environ, se produisit. Toutes les personnes qui se trouvaient dans les maisons se précipitèrent aussitôt dehors, persuadées que c'était un tremblement de terre. Déjà, la nuit précédente, de fortes secousses avaient, en sursaut, réveillé les dormeurs, secousses précédées et bientôt suivies d'averses torrentielles. C'est entre deux ondées, dans un moment de chaleur accablante, de manque d'air absolu qu'eut lieu le tremblement de terre. Le sol s'entr'ouvrit en plusieurs endroits, des arbres furent déracinés, projetés à terre, les eaux de la rivière soulevées et rebroussées vers leur source, lancèrent les uns sur les autres les navires qui chassèrent sur leurs ancres, tandis qu'une masse de petites embarcations étaient brisées, projetées au loin sur le rivage, arrachées à leurs amarres et emportées au fil de l'eau.

La panique fut à son comble, tous les habitants, à quelque race qu'il appartinssent, désertèrent la ville. Nouvelle édition de la confusion des langues, chacun s'interpellait dans son idiôme particulier, hindoustani, birman, chinois, anglais, français, italien, c'était à ne pas s'entendre ! Ce qui avait principalement contribué à l'épouvante, c'est le souvenir encore tout récent du tremblement de terre de Manille qui avait causé tant de ruines, amené la mort d'un si grand nombre d'individus aux Philippines. Les choses ne furent pas aussi graves cependant et l'on n'eut pas mort d'homme à déplorer, à Rangoon du moins. Tout se borna dans la ville à des dégâts matériels, regrettables, il est vrai, mais faciles à réparer.

Ces convulsions de la nature sont trop brusques pour durer longtemps, aussi, dès qu'on put présumer la fin des oscillations, on se mit à déblayer les ruines qui barraient complètement certaines rues. De même qu'à Chypre, dans une catastrophe analogue, on n'eut pas besoin de faire appel au dévouement des marins, d'eux-mêmes ils se mirent avec leur activité et leur habileté ordinaires à la besogne et le souvenir des secours qu'ils ont apportés en cette triste circonstance est resté profondément gravé dans la mémoire des habitants de Rangoon.

Les nouvelles qui ne tardèrent pas à arriver de la province avaient un caractère bien plus alarmant. C'est surtout dans le nord et dans l'ouest que le tremblement de terre avait accumulé le plus de ruines, mais nulle part toutefois, autant qu'à Bassein, dont la grande pagode et le marché eurent fort à souffrir. Ce dernier édifice eut presque tous ses murs renversés et partout où ils ne le furent pas, ils étaient à ce point lézardés qu'il fallut les abattre pour les reconstruire.

C'est dans ces pénibles circonstances que je fus nommé ingénieur de la municipalité de Bassein. Aussitôt la dépêche reçue, je partis, car il n'y avait pas de temps a perdre pour réparer les désastres qui s'étaient produits, déblayer les maisons en partie écroulées dont les pluies torrentielles, qui survinrent aussitôt après la catastrophe, allaient encore aggraver la situation, mettre enfin à l'abri les marchandises qu'on avait pu extraire des décombres.

Mon voyage fut assez pittoresque, assez fertile en incidents pour que je m'y arrête quelque peu.

C'est le 12 Octobre que je montai dans le petit bateau à vapeur de la *Irrawaddy flotilla compagny* qui devait me conduire à Bassein. Ces steamers, spécialement construits et aménagés pour cette navigation, font le trajet deux fois par semaine, service très rémunérateur en raison de nombre de passagers et de la quantité de marchandises qu'ils transportent. Jamais ne sortira de ma mémoire le souvenir de l'enchantement que m'a causé cette petite excursion de deux jours sur les bouches de l'Irraouaddy et à travers les canaux qui les relient.

Nos arbres d'Europe à la végétation si froide et si pâle ne peuvent nous donner la moindre idée de la végétation si luxuriante de l'Asie orientale, là où les arbres ont la tête baignée par le soleil et le pied dans l'eau. Ici, ce sont à perte de vue des rizières plantées dans cette boue d'alluvion si fertile, qu'elle permet quatre récoltes par an, plus loin ce sont d'élégants bambous à la taille gigantesque, mollement balancés au gré de la brise; ailleurs une ligne imposante d'arbres énormes qui forme un splendide rideau de verdure. De l'un à l'autre de ces merveilleux spécimens du règne végétal courent, se chevauchent, s'enchevêtrent mille lianes ou plantes grimpantes. Elles escaladent les arbres jusqu'au faîte, s'étagent en gradins fleuris, retombent en grappes éclatantes et forment le plus riant spectacle du monde avec leurs tonalités multiples et leurs guirlandes capricieuses.

Un détour du fleuve nous ouvre ensuite la gaie perspective d'une immense plaine qu'animent d'innombrables troupeaux de buffes et dont l'horizon se ferme par une ligne dentelée de montagnes bleues sous un ciel d'argent poli.

Plus loin nous croisons quelques embarcations. Longtemps avant de les avoir découvertes, nous entendions les accords éclatants ou plutôt le bruit discord d'une musique indigène dont un écho nous renvoyait les sons affaiblis. Double supplice! Est-ce un mariage, un pélerinage, des funérailles? Attendons, nous allons en juger.

Décorés de fleurs, pavoisés de drapeaux et de bannières bariolées apparaissent plusieurs canots qui semblent lutter de vitesse. C'est une noce, une noce sur l'eau, spectacle aussi fréquent en Birmanie que chez nous un cortège nupial qui s'ébat lourdement par les sentes fleuries de nos campagnes au son d'un violon criard et d'un cornet à piston qui détonne!

Admirez l'ordre du cortège! Les plus petits entre les canots sont en tête ou semblent, sur les flancs de la colonne à travers laquelle il sèment la joie, jouer le rôle des serre-files de nos régiments, voici l'embarcation des musiciens, la chaloupe des danseurs et des danseuses. Quel entrain et quelle grâce! Regardez quel goût a présidé à leur ajustement! Voyez ces élégants colliers de fleurs au parfum énivrant, ces coiffures artistement étagées, au milieu desquelles des fleurs, encore, jouent le rôle de bijoux!

La musique semble redoubler d'intensité à mesure qu'ils approchent, et tous, danseurs et danseuses, sans souci des dangers du fleuve et des crocodilles qui les guettent, ils continuent leurs figures bizarres, leurs gesticulations et leurs sauts jusqu'à la pointe de l'embarcation.

On ne sait, en vérité, quelle tarentule les a piqués, tous veulent se surpasser, les pagayes tombent en cadence, le mouvement se précipite, les embarcations volent à la surface des eaux et les chants des bateliers redoublent. Agilité, hardiesse, vigueur, ils semblent vouloir nous montrer toutes les qualités qui distinguent la race birmane.

Mais, le vapeur marche toujours, nous laissons ces joyeux compagnons bien loin derrière nous et, véritable image de la vie, le fleuve nous offre bientôt un spectacle d'un caractère tout différent. Cette fo´, c'est un cortège funèbre. Les sampans sont décorés de guirlandes de fleurs jaunes, couleur de deuil, ceux qu'on aperçoit en tête, portent les musiciens, puis viennent ceux qui renferment les présents faits par la famille à la pagode, c'est-à-dire aux prêtres, tels que tapis, étoffes, fruits, viande, riz, poisson salé, même de l'argent dont une partie est distribuée aux pauvres. A la suite paraît l'embarcation des prêtres, en robe jaune, dont les chants bien rythmés se marient, non sans agrément, avec ceux de novices qu'on pourrait comparer à nos enfants de chœur.

Vient enfin le char — pardon, — le bateau mortuaire, surmonté d'un dais que décorent de petits drapeaux jaunes, rouges ou verts.

Quant au reste du cortège, il se compose des parents et des amis qui accompagnent le corps, non pas à sa dernière demeure, mais au lieu de crémation, aux détonations des fusils et des pétards, au tintement des cloches et au bruit assourdissant des gongs qu'on bat à tour de bras, à l'approche des villages.

Dans toute la Birmanie, le canot est le moyen de transport le plus usité pour les voyageurs et les marchandises. Les routes n'existent pour ainsi dire pas, les ponts, on n'en a jamais vu ; enfin, durant la saison d'hiver, il devient impossible de sortir de chez soi autrement qu'en bateau. De là, ces nombreuses fêtes nautiques, joutes, courses etc., car le nombre est considérable de ceux qui mangent, qui dorment sur l'eau qui y passent leur existence entière, véritable population aquatique à laquelle ce genre de vie n'a rien enevé de sa gaieté naturelle, de son entrain et de sa passion pour les jeux, les paris et les divertissements. Aussi, le soir, est-ce un tableau singulier que celui de ces myriades d'embarcations éclairées de lanternes de couleur et de feux de Bengale. Les bruits et les feux du rivage répondent aux lumières qui se balancent sur le fleuve et aux chants cadencés des pagayeurs.

Mais déjà tout se tait, la nuit s'est faite; à terre les bois étincellent de millions de vers luisants; au ciel scintillent, en nombre infini, les étoiles dont l'éclat parait plus vif que chez nous, tandis que la fraîcheur de la nuit invite au repos le voyageur fatigué, et lui permet de ramener sa pensée attristée vers la patrie absente !

Le lendemain nous approchons de Bassein. Au loin dans la vaste plaine, c'est une nouvelle fête. Ici tout est prétexte à réjouissances. Les Birmans, peuple gai, sans gêne, ami du luxe, du bruit, des jeux de hasard et des spectacles, diffère profondément des Hindous; c'est la remarque que fait immédiatement tout voyageur qui arrive de l'Inde.

Or donc, cette fois, c'est à terre que la fête se passe. Les principaux acteurs, nouveaux Thespis, chantent et dansent, montés sur des charrettes à bœufs. Comme leurs maîtres, les animaux sont enguirlandés de festons et de couronnes de fleurs. Sans pouvoir deviner le motif de cette réjouissance, nous entendons par intervalles la musique et les chants auxquels se mêlent

2.

les tintements des nombreuses clochettes dont sont garnis les attelages de bœufs que nous voyons passer lentement en dodelinant de la tête, comme occupés de la solution de quelque grave problème, comme attristés de la joie de ceux qu'ils trainent !

Enfin voici Bassein. Nous sommes ici à 75 milles de la mer, mais la communication est en tout temps extrêmement facile. C'est sur la rive gauche de la rivière que sont situés les quartiers les plus importants de cette ville, dont la population était de près 23.000 âmes en 1876, tout autour du fort bâti par les Anglais, et enveloppant la fameuse pagode, Shwe-moo-htaw.

C'est dans le petit faubourg de Theng-bow-ghyeng, que sont relégués les moulins à riz et les magasins des principaux négociants; tandis que les édifices officiels, palais de justice, trésor, police sont renfermés dans l'enceinte même du fort. On ne s'attend pas à ce que je donne quelques détails sur ces monuments qui n'ont rien d'intéressant comme architecture.

D'ailleurs ce qui fait l'importance de Bassein, importance qui n'a commencé qu'avec la domination anglaise, c'est son commerce. En 1860-61 la valeur des importations et exportations était de 2.354.275 francs; en 1872-73 elle s'était élevée à 8.749.275 fr. Le principal article d'exportation est le riz qui trouve en Europe son principal débouché. En 1876-77, pour donner des chiffres un peu plus récents, la valeur du riz exporté était de 500.042 liv. st. le bois figurait pour 1.144 liv. st, les autres exportations pour 2,282 et le total pour 503.468 tandis que les importations ne donnaient qu'un total assez faible : 44.764 liv. Le tonnage des bâtiments qui avaient fréquenté le port de Basséin à cette même date était de 81.297 tonnes.

Nous avons cité le bois un peu plus haut parmi les articles d'exportation, il faut y ajouter le tabac, le coton et l'huile tandis que les marchandises d'importation sont le charbon, le sel, le thé et la soie; ces deux derniers articles étant presque absorbés par la colonie chinoise.

Bassein qui a été radicalement dépeuplée par Alongpra, passe pour avoir été fondée 1,249 ans avant Jésus-Christ par une princesse talaing nommée Ummadan-di. Grâce à sa position, cette ville a toujours joui d'une certaine prospérité que les événements ont cependant toujours enrayée. C'est ainsi que pendant la première guerre contre les Anglais, elle a été brulée par le gouvernement national et que, pendant la seconde, elle a été prise d'assaut.

Après ces rapides détails sur la ville qui a donné son nom à la rivière qui serait la *Besynga* de Ptolémée, il est juste de dire ce que je venais y faire. A Bassein, le tremblement de terre que j'avais ressenti à Rangoon avait causé des désastres considérables. Il s'était produit à l'heure de la sieste, au moment où la plupart des habitants auraient dû se trouver chez eux; mais, avertis par quelques secousses préliminaires, ils s'étaient précipités au dehors et massés autour de la grande pagode. Là, les uns proternés la face contre terre, prient avec ferveur, les autres, affolés, courent au milieu de la foule, appelant d'une voix lamentable leurs parents et leurs enfants.

Tout-à-coup, au milieu de cette foule épouvantée, pendant une secousse plus forte que les autres, la partie supérieure de la pagode s'écroule, et tombe à terre avec un bruit terrible en soulevant un épais nuage de poussière.

Par bonheur, le nombre des victimes fut moins considérable qu'on pouvait le craindre, et dans les maisons mêmes, bien qu'un grand nombre eussent été ruinées de fond en comble, on releva relativement peu de cadavres.

Dès le 14 octobre, j'inspectais la pagode et je surveillais les réparations qu'on y avait aussitôt entreprises. A cette occasion, je fus témoin d'un fait assez remarquable pour être noté. Les ouvriers remettaient en place et doraient l'énorme tiare en fonte, ornée de clochettes qui termine le pinacle de toutes les pagodes, et qui avait été renversée par le tremblement de terre. Toutes les pierreries, quelques unes d'une grande valeur et notamment un gros diamant placé au sommet, avaient été détachées en tombant avec la tiare dans laquelle elles étaient encastrées. Mais, o miracle! elles avaient été pieusement et fidèlement recueillies par les fervents sectateurs de Bouddha.

Une foule bariolée, en habits de fête où le rouge, le jaune, l'orange, le blanc et le vert faisaient un gai papillotage, était accourue des environs pour assister au couronnement solennel de la pagode et à la remise en place de ces mêmes pierreries. Les cris de joie se mêlaient agréablement au bruit assourdissant des gongs, aux sonneries des cloches et aux détonations des pétards et des armes à feu. Puis, lorsque la nuit se fit, les places publiques furent envahies par des troupes d'acteurs ambulants, par des théâtres de marionnettes, des marchands de bonbons et de pâtisseries tandis que la pagode, resplendissant des lueurs multicolores des feux de Bengale, inaugurait sa nouvelle tiare dorée. Etrange mobilité d'un peuple naïf qui semblait avoir oublié sa frayeur d'hier, ses lamentations et ses ruines pour se livrer avec ivresse aux démonstrations de la joie la plus bruyante et du bonheur le plus parfait!

CHAPITRE III.

Population.— Son dénombrement.—Questions ethnographiques. — Les Birmans et le tatouage. — Leurs qualités et leurs défauts. — Les Talaings, les Karengs, les Shans, les Kyens et les Seelung.

Mais avant d'aller plus loin, il nous paraît à propos de nous arrêter quelque peu sur cette singulière population et, au moyen des renseignements que nous avons recueillis, d'analyser et d'expliquer sa manière d'être, ses mœurs et ses habitudes.

Certes, elle était peu édifiante la population étrangère de l'Arakan et du Pegu, pendant les années qui suivirent l'arrivée des Portugais dans l'Inde jusqu'à la première guerre avec l'Angleterre!

Ramassis de commerçants tarés, d'aventuriers européens et de déclassés de toutes les nations: Anglais et Français, Portugais et Vénitiens, Russes et Parsis, Hollandais et Mogols, tous espéraient trouver dans ce pays neuf un refuge contre les poursuites dont ils étaient l'objet dans leur patrie et les facilités désirables pour exercer les brillantes facultés dont la nature avait été si prodigue à leur égard.

Il n'en est plus de même aujourd'hui et s'il existe encore en Birmanie quelques uns de ces *outlaws*, il n'y en a pas plus qu'ailleurs et les indigènes savent apprécier à leur valeur les représentants des nations occidentales.

Les plus anciens documents que l'on puisse consulter sur la Birmanie nous représentent la contrée, surtout sur les bords de la mer, comme extrêmement peuplée. Si les évaluations des premiers voyageurs étaient singulièrement exagérées, ceux qui les ont suivis ont considérablement varié dans leurs appréciations. C'est ainsi que le Père San Germano donne à la Birmanie, et il faut comprendre dans ce terme, outre les provinces devenues anglaises, toutes celles qui sont restées indépendantes, *deux* millions d'habitants. C'est là une appréciation de la fin du XVIIIe siècle. Le colonel Symes qui fut envoyé en Birmanie en 1795 donne au même empire *quatorze* millions d'habitants alors que Coxe ne lui en reconnait que *huit*.

Il n'y aura peut-être pas trop lieu de s'étonner de ces différences, si considérables qu'elles soient, si l'on songe aux ravages exercés par les guerres intestines, aux exécutions répétées de souverains féroces qui mettaient, à proprement parler, la nation en coupe réglée, à la dépopulation qui a accompagné la conquête du pays par les Birmans.

Ce qui semble aussi donner raison à cette manière de voir, c'est le grand nombre de villes jadis florissantes, aujourd'hui réduites au rôle de simples villages, ou même si bien déchues qu'elles ne forment plus qu'un monceau de ruines abandonnées. Ce qui le prouve encore, c'est qu'au temps où les Anglais prirent possession du Tenasserim, ils y trouvèrent une population si clairsemée et si misérable qu'ils se demandèrent un moment s'ils ne rendraient pas le pays aux Birmans.

Si, en 1863, on comptait dans la Birmanie anglaise 2.092.331 individus, en 1878, la population s'était élevée à 3.707.646, si l'on en croit le *Stateman's year book* de 1882. Cette augmentation si sensible doit être attribuée, en grande partie, à l'immigration annuelle de plus de 80,000 coolies du Burma indépendant, qui n'amènent pas, le plus souvent, leurs femmes avec eux, ce qui n'est pas sans nuire à la moralité générale.

Mais à cette immigration considérable, il faut des causes; on les trouvera dans la fécondité du pays, sa sécurité, l'abondance du travail et le haut prix du salaire.

Le *British Burma Gazetteer* (1) cette source si précieuse d'informations authentiques, nous apprend que le nombre des habitants, par mille carré, est respectivement de 15, 48; 6, 68 et 10, 98 dans les districts de Sandoway, de Merguy et de Tavoy tandis que dans

---

(1) Rangoon. Government Press, 1879, 2 vol. gr. in-8º.

celui de Rangoon, tout en ne comprenant pas la ville elle-même, elle est de 67, 64.

Nous trouvons dans le *Stateman's year book* quelques chiffres plus récents, c'est ainsi que Rangoon qui était déjà en 1871 la dix-huitième ville de l'Inde par sa population, avait vu le nombre de ses habitants s'élever à 132.004.

A n'envisager que la variété des dialectes, on est tenté de croire que la population n'est composée que de races diverses qui, chassées par les antiques migrations, par des guerres ou des querelles intestines sont venues former des couches successives. Mais pour celui qui se livre à un examen plus approfondi des langues, des traditions et de l'histoire, on arrive à rattacher toutes ces tribus à quatre groupes principaux, sauf cependant les tribus montagnardes de l'Arakan et les Seelungs qui habitent l'archipel Mergui. Ce sont les Birmans, les Talaings, les Karengs et les Shans.

Le nom que se donnent les Birmans est Myam-ma Byamma ou Bamma, dont on n'a pas eu de peine à faire Burma. Que signifie au juste ce mot? MM. Phayre, Hodgson, Bigandet et bien d'autres varient singulièrement sur sa signification. Le colonel Phayre y voit un mot pali, signifiant *êtres célestes*, appellation ambitieuse que les Birmans n'auraient adoptée qu'après leur conversion au Bouddhisme. M. Hodgson pense qu'il veut dire *hommes* et le vicaire apostolique Bigaudet y reconnait, avec une certaine dose de bonne volonté, le mot *Mien*, nom sous lequel ils sont désignés par les Chinois et qu'ils auraient apporté avec eux du plateau central asiatique.

D'où sont venus les Birmans? sir Arthur Phayre qui s'est livré sur cette question à des études approfondies, pense qu'ils sont descendus du Thibet. Il en donne pour preuves non-seulement l'étrange ressemblance qu'offrent les traits de leur visage et la similitude de la conformation mais aussi la parenté de la langue comme racines, esprit et configuration générale.

Généralement bien bâtis, les Birmans ont le buste bien proportionné, les muscles puissants, les jambes un peu courtes, les cheveux noirs et abondants. Tous, hommes et femmes font preuve d'une certaine coquetterie dans l'arrangement de leur chevelure que les premiers portent relevée sur le sommet de la tête, tandis que les femmes la laissent flotter sur leurs épaules. Ces dernières, bien qu'elles ne soient pas jolies, ont la taille élégante et un regard souvent fait pour vous ensorceler. Leurs pommettes saillantes, leurs yeux bridés, leur nez plat, leurs lèvres trop grosses et leurs rides accusées leur donnent, dès qu'elles arrivent à la trentaine, un aspect de décrépitude peu séduisant. Les femmes birmanes passent, à juste titre, pour être les plus réservées et les plus chastes de l'Orient et les exemples de débauche et de scandale sont chez elles excessivement rares.

Ce qui constitue, dans la toilette, la véritable originalité des Birmans, c'est la pratique du tatouage, pratique qu'on ne trouve usitée chez aucun autre peuple de la péninsule indochinoise, dont il est impossible d'expliquer la cause et dont on fixe généralement l'introduction à une date assez récente.

Presque tous les auteurs sont d'accord pour faire du caractère birman une peinture peu flatteuse; le Père San Germano qui résidait dans le pays en 1782, mais dont les travaux n'ont été publiés qu'en 1833, reconnait chez eux de la timidité et de la servilité. Il faut ajouter, ce qui n'est pas en leur faveur, que, s'ils rampent et s'aplatissent devant leurs supérieurs, ils sont d'une insolence et d'un mépris inouis envers tous ceux qu'ils regardent comme au-dessous d'eux par le rang et la fortune. Qu'ils se sentent soutenus par le gouvernement, ils seront oppresseurs et impitoyables, cruels et vindicatifs. C'est cette bassesse qui explique les exécutions dont tous les souverains se sont montrés si prodigues.

La paresse est chez eux incurable. En thèse générale, le pays est fertile et il serait aisé pour un travailleur d'arriver, en peu d'années, à une belle situation de fortune, mais ils n'en sentent pas la nécessité et ne travaillent que pour végéter au jour le jour et satisfaire aux exigences du fisc. Se reposer, fumer, mâcher le bétel, assister à des représentations théâtrales ou à des danses, telles sont pour eux les grandes affaires de la vie. Que si, par extraordinaire, l'un d'eux se sent un peu d'ambition, il ne voit d'autre moyen de parvenir que de se faire l'humble courtisan de quelque mandarin et alors tous les moyens lui paraissent bons pour arriver aux fins qu'il se propose.

Entre autres excellents préceptes qu'il enseigne, le bouddhisme défend le mensonge, on voit bien que cette religion n'a pas été faite par un birman, car, nulle part, la dissimulation n'est plus naturelle : ce n'est pas un art, c'est un don ; aussi faut-il renoncer à jamais savoir ce que pense un birman.

Si toute médaille à son revers, il faut, par cela même, qu'elle ait une face. Les auteurs modernes et les voyageurs se plaisent à reconnaître aux Birmans certaines qualités.

« Les Birmans, dit notre compatriote Thomas-Anquetil, (1) diffèrent essentiellement des peuples de l'Hindoustan, du Bengale, de la presqu'île malaise, de Siam, du Cambodge et de la Cochinchine. Alertes, dispos, enjoués, bien pris, robustes, sobres, courageux, dévoués, ils seraient susceptibles de faire d'excellents marins, d'excellents soldats. Que leur condition vînt à changer, que la politique des Anglais cessât d'y mettre obstacle, ils deviendraient vite de bons agriculteurs, de bons commerçants, de bons industriels.... Ils excellent dans la sculpture sur bois ; l'ornementation architecturale brille tantôt par la grâce de la composition, tantôt par la délicatesse du style, tantôt par la naïveté des détails, toujours par l'originalité des formes, la hardiesse, la belle coordination de l'ensemble et le prestige qu'il exerce sur l'imagination. . . . . . .

---

(1) Aventures et chasses dans l'Extrême Orient, 8e partie. La chasse au tigre p. 44. — Paris, Charpentier 3 vol. in-18.

Les Birmans, quoique très pieux, sont très tolérants en matière religieuse. Nulle division de castes. Chacun est admissible aux emplois. Ils ont un grand fond d'honnêteté, leurs manières respirent la bienveillance, leur humeur est joviale; aussi, avec eux, les rapports vulgaires de l'existence sont-ils faciles et agréables pour l'Européen. »

Tels sont les principaux traits du portrait flatteur que trace des Birmans M. Thomas-Anquetil. Prévenu en leur faveur, il a peut-être été un peu trop optimiste, on peut dire cependant que les traits principaux sont exacts.

Voyez un peu ce qu'il en est des jugements! Ce n'est assurément pas l'opinion qu'aurait un Anglais du birman, lui, si amateur du *cant*, si plein de flegme! Mais les Birmans, plus gais que les Hindous, ont un caractère qui présente des analogies frappantes avec le nôtre; si bien que la présence d'un Anglais dans un cercle birman, suffit à faire tomber la bonne humeur et que sa froideur se communique aussitôt à la réunion dans laquelle il pénètre.

Un défaut commun à la pluralité des Birmans, c'est l'ostentation. Très souvent, on en a vus se priver, même du nécessaire, afin de se donner la réputation de bienfaiteurs du pays. Le père Bigandet raconte que, tous les matins, il voyait une vieille femme venir déposer des offrandes au pied d'une statue de Bouddha placée dans une assez belle pagode. Cette exactitude, cette dévotion profonde excitèrent la curiosité du P. Bigandet qui lia conversation avec cette vieille femme.

Son mari, lui dit-elle, avait dépensé toute sa fortune, — et elle était considérable, — à la construction de cette pagode et d'un monastère situé tout auprès.

Ne pensez-vous pas, dit notre missionnaire, que votre mari aurait mieux agi en faisant deux parts de votre fortune. L'une, il l'aurait consacrée à cette pieuse fondation, l'autre, il l'aurait sagement réservée pour vous aider à vivre, vous et votre fille ? — Il a bien agi, répondit la vieille, ma fille et moi nous pensons qu'il ne pouvait faire un meilleur usage de sa fortune et nous n'avons nul regret.

Ce n'est pas là une exception, qu'on n'aille pas le croire. Le nombre en est grand de ceux qui ont dépensé tout leur argent à décorer des pagodes et qui, sans un sou, dans une misérable paillotte, vivent heureux et fiers, n'ayant d'autre distraction que de vaquer à l'entretien et à l'ornement du temple.

Mais revenons aux caractères physiologiques de la race birmane.

Il semblerait que la population de l'Arakan fût une branche depuis plus longtemps séparée du tronc que le reste des Birmans. Le voisinage du Bengale et les relations qu'ils ont entretenues de tout temps avec ses habitants, ont amené chez les Arakanais des modifications très sensibles, non seulement au point de vue de la langue, mais encore en ce qui regarde le type. Chez les Arakanais, le type tartare est moins marqué, le nez moins proéminent, les yeux moins obliques que chez les autres birmans.

Le lieutenant général Phayre a réuni dans son histoire du Pégu (1) un ensemble de traditions et de renseignements historiques prouvant d'une manière certaine que les Hindous voisins du Godavery, ce fleuve si vénéré, et notamment ceux des districts de Kalingana et de Talingana, auraient, à une époque très reculée, entretenu des relations suivies avec le Pegu, où ils auraient même envoyé des colonies fort importantes.

De là, par une extension naturelle, le nom de Talaing, qui, tout d'abord donné aux seuls colons, aurait été plus tard appliqué à la population entière du pays.

Lorsque les Talaings arrivèrent dans le Pegu, la contrée était habitée par un peuple, les Mun ou Mon moins grands, très vigoureux, à coloration moins foncée. On aurait pu le prendre pour un rameau de la race indo-chinoise, si sa langue n'avait présenté avec cette dernière des différences et des dissemblances caractéristiques. Le Dr Mason constata, le premier, certains rapprochements entre la langue de ce peuple, qui a presque entièrement disparu, et celle des habitants du Chutia Nagpur appelés Munda. Plus récemment, M. Campbell dans le *Journal of the ethnographical society*, a confirmé, par une étude très ingénieuse, la parenté très voisine de ces deux langues; d'où il suit que les tribus des *highlands* occidentaux du Bengale occupaient la contrée avant l'arrivée des Hindous. On remarquera encore que le mot Mun est la moitié de Munda et Ksoma de Koros assure dans

---

(1) Journal de la Société asiatique du Bengale. 1873.

son Dictionnaire thibétein que le mot Mun est un terme générique qui sert à désigner les populations comprises entre les plaines de l'Inde et le Thibet.

Ajoutons enfin, pour que la démonstration soit complète, que sir Arthur Phayre, citant les noms des plus anciens roi du Pegu qui nous soient parvenus, y reconnaît, sans hésitation possible, des noms Indiens. Encore bien que l'on n'admette pas l'existence de ces souverains, il faut du moins reconnaître que ces noms sont ceux de personnages ayant marqué dans l'histoire du pays, c'est-à-dire cinq siècles avant notre ère.

On en peut conclure que l'habitat de la race dravidienne s'est trouvé considérablement réduit par les invasions de peuples qui, venus à des époques si éloignées que le souvenir en est perdu, ont pu faire disparaître presque complètement la langue des habitants primitifs et changer si profondément leur caractère et leur conformation, qu'il est extrêmement difficile de les retrouver.

A quelle race appartiennent les populations désignées sous le nom de Karengs? La réponse n'est pas aisée. Ces tribus n'ont pas de nom sous lequel elles se désignent elles-mêmes et celui de Kareng leur a été attribué par les Birmans sans qu'on sache au juste sa signification.

Ce qu'il y a de certain, c'est que les Karengs n'appartiennent pas à la race aborigène, mais qu'ils sont venus du nord dans le pays. Leur premier établissement, c'est du moins l'opinion du Dr Mason, fondée sur les renseignements qu'il avait recueillis auprès d'eux, était situé à Toungoo, du côté d'Ava, et à cette époque, les Karengs étaient aussi bien indépendants des Birmans que des Siamois ou des Talaings.

Quant à obtenir des renseignements sur les causes et l'époque de leur dispersion, le Dr Mason y dut renoncer. Par tradition, ils ont fort bien conservé le souvenir d'un temps meilleur, d'une indépendance et d'une prospérité relative, mais le fait est trop lointain pour qu'ils puissent lui assigner une date même par approximation.

Toungoo, disaient-ils au Dr Mason, était situé non loin de la *rivière des sables mouvants*, rivière que leurs ancêtres avaient dû traverser pour descendre dans le Burma. C'était un vaste pays de plaines où le vent roulait les sables comme les vagues de la mer. Qui ne reconnaîtrait à première vue, d'après cette désignation, le désert de Gobi, qui s'étend de la Mongolie au Yarkand, de la Dzoungarie au Thibet? Le Chamo, comme l'appellent les Chinois, doit donc être l'endroit d'où sont partis les Karengs. En hiver y règne une bise glaciale et desséchante, en été souffle un vent qui a versé toutes ses pluies sur les flancs des montagnes qui séparent la Chine proprement dite de ce plateau aréneux. Rien de curieux comme de rapprocher des descriptions qu'en font les voyageurs modernes, Potanine, Russell-Killough et les géographes récents comme Elisée Reclus, des légendes que rapportent les anciens explorateurs. Au dire de Fa-hian, ce pèlerin bouddhiste qui visita une grande partie de l'Asie au commencement du XV° siècle, il y a des esprits diaboliques dans cette rivière des sables et des vents si terribles, que, de ceux qui les rencontrent, il n'en est pas un qui leur échappe. Les explorateurs modernes assurent que les voyageurs doivent se couvrir le visage d'un masque de feutre pour éviter d'avoir la peau du visage fendue par ces vents glacés. — Dans l'air pas un oiseau, pas un quadrupède sur le sol, continue Fa-Hian, rien que le silence, un silence de mort. Pas d'autres traces du passage de l'homme que les squelettes blanchis de ceux qui ont péri sous les baisers ardents d'un froid glacial, ossements épars qui jalonnent la route et avertissent les passants des dangers effroyables qu'ils vont affronter.

Après être descendus du plateau central, les Karengs se seraient d'abord établis au nord de la Chine; vers le deuxième siècle dans les environs d'Ava, puis, trois ou quatre cents ans plus tard, ils se seraient étendus sur toute la région montagneuse que coupent l'Irraouaddy, la Salouen et le Meinam jusqu'au bord de la mer. On saisit facilement tout ce qu'il y a d'hypothétique dans ces données qui résultent de légendes depuis longtemps déformées par l'imagination orientale et de rapprochements plus ou moins ingénieux d'écrivains qui veulent tout expliquer et qui torturent souvent les faits pour les faire concorder avec la théorie qu'ils ont imaginée.

Quant aux Shans, la dernière des quatres grandes divisions que nous avons établies plus haut, ils ne semblent s'être établis qu'à une date récente dans les vallées du Tsittang et de l'Irraouaddy qu'ils occupent

3.

actuellement. Le nom qu'ils se donnent est Tai, ce qui veut dire *libres*; appellation que se donnent aussi les Siamois.

Libres, ils le sont encore, bien que dispersés sur une immense étendue de territoire, des frontières du Manipur jusqu'au centre du Yunnan, jusqu'à Bankok et au Cambodge. Malgré leurs rapports forcés, leurs frottements continuels avec tant de peuples d'origines diverses, les Shans ont conservé une identité de mœurs et de coutumes, une unité de langue véritablement merveilleuses. La seule explication plausible, c'est que, depuis très longtemps, ces peuples sont arrivés au degré de civilisation actuel, c'est qu'ils ont dû, à certaine époque, être fortement organisés sous un même chef. Ceci concorde d'ailleurs avec la tradition qui les représente comme ayant possédé jadis un très important royaume au nord du Burma et le nom de grands Tai que l'on donne aux peuples de cette région, semble indiquer le cœur même de leur habitat. Que les révolutions par lesquelles a passé ce royaume, que les événements qui ont amené sa destruction et la dislocation des Shans en un grand nombre de principautés, de tribus et de clans indépendants les uns des autres n'aient laissé aucune trace dans l'histoire, que les annales des Birmans ne disent rien d'un empire qu'ils ont sans doute détruit, voilà ce qu'il est difficile de comprendre !

Pour être complets nous donnerons aussi quelques détails sur les Kyens ces tribus montagnardes qui habitent les flancs de l'Arakan Roma et la partie septentrionale de la Birmanie Anglaise. Ils appartiennent, comme nous l'avons dit plus haut, à la race birmane; mais ils ont conservé certaines coutumes antiques qui les en distinguent profondément. C'est ainsi qu'ils ont encore gardé l'habitude de tatouer de lignes d'un bleu sombre très rapprochées le visage de toute fille qui arrive à l'âge de la puberté. Il est difficile d'imaginer quelque chose de plus horrible !

Quant aux Seelungs qu'on ne trouve plus que dans les îles de l'archipel Mergui, leur langue paraît bien présenter certains rapports avec celle des Malais, mais leur timidité, leur pusillanimité, la crainte qu'ils ont toujours manifestée de ce peuple, semblent exclure tout rapprochement ethnique. Très-vraisemblablement avant le sixième siècle après Jésus-Christ, ils occupaient toute l'extrémité de la péninsule malaise, ils furent peu à peu repoussés par les enhavisseurs venus de Sumatra et durent se réfugier dans l'archipel où on les retrouve aujourd'hui [1].

Placés au dernier degré de l'échelle de la civilisation, ils vivent presque continuellement dans leurs embarcations. Durant la saison de l'hivernage, on les voit, au nombre de plus de 200, réunis dans un camp sur le rivage; mais la mobilité de leur caractère, le sentiment de crainte si bien invétéré depuis tant

[1] Beccari, le célèbre naturaliste italien qui a tant fait pour l'ethnographie de la Nouvelle-Guinée considère les habitants de l'archipel Mergui comme appartenant à la race negrito et M. de Quatrefages n'est pas éloigné de cette opinion. (Voir *Revue d'ethnographie*, Tome 1, 1882, p. 189.

de générations qu'il est aujourd'hui irraisonné, les porte à ne pas demeurer plus d'une huitaine de jours dans le même endroit. Aussi, ne faut-il pas s'étonner que leurs habitations ne soient on ne peut plus primitives. Ces huttes temporaires sont faites de quelques pieux coupés dans les bois qui garnissent toutes ces îles d'un fouillis presque inextricable; les nattes en feuilles de palmier qu'ils roulent et emportent avec eux leur servent de toit et de murailles. Souvent aussi, le pont mobile de leurs légères embarcations, est monté sur quelques piquets, et c'est là-dessus qu'ils passent la nuit, ayant pour murailles les branches des arbres voisins et pour toit la voûte étoilée du ciel.

Leurs embarcations sont aussi simples que leurs demeures terrestres. Un tronc d'arbre de dix-huit à trente pieds de long en fait tous les frais. On place dessus un feu doux et on le creuse progressivement, en ayant soin de le maintenir ouvert au moyen de traverses. Une partie du bateau est recouverte d'un faux pont en feuilles de palmiers et les cordages sont en rotin. Rien de plus simple, n'est-ce-pas, rien qui dénote un puissant effort d'imagination ! Eh bien ! ces embarcations dont rougirait le dernier des canotiers d'Argenteuil, sont admirablement adaptées aux besoins des Seelungs et aux parages où ils naviguent. Très rapides, très légères, elles fuient devant la plus petite brise, leur peu de largeur et de tirant d'eau leur permet de circuler à travers les canaux et les hauts fonds qui séparent les petites îles de l'archipel Mergui.

Le fond de la nourriture de ce peuple sans besoins est le riz qu'il reçoit des Chinois et des Malais, en échange de coquillages marins ou de nattes. Si les Seelungs manquent de riz, la mer est là qui leur fournit en abondance du poisson et des herbes; à terre, ils trouvent des fruits, quelques cochons redevenus sauvages, des baies et même des feuilles, car ils ne sont pas difficiles sur leur nourriture.

Les éléments de commerce ne manquent pas, ce sont, outre les coquillages, les tripangs ou biches de mer, les poissons, les tortues dont les œufs sont très appréciés des gourmets birmans, le bois de sapan, les nattes que confectionnent les femmes pendant la saison pluvieuse, alors que la pêche est impraticable, et la cire d'abeilles.

Qu'une chasse aux abeilles ait réussi sans le secours du sorcier ou *potee*, cela ne s'est jamais vu !

Avant de partir, ce dernier se fait apporter une chandelle de cire, il l'allume et commence gravement devant elle une incantation, suppliant les esprits des forêts et des montagnes de guider les chasseurs; puis il s'interrompt, avale pontificalement, sous couleur d'eau de miel, un bel et bon arack et recommence. Les esprits ont, parait-il, la détestable habitude de ne pas se rendre de suite aux objurgations du *potee*, ce qui lui permet d'accomplir un certain nombre de fois une cérémonie à laquelle il semble prendre plaisir. On part, et si le gosier du *potee* a été convenablement arrosé, on ne tarde pas à découvrir quelques rayons suspendus à deux ou trois pieds au-dessus du sol. On allume au-dessous un feu de bois vert; puis, lorsque les abeilles sont parties, on se hâte de mettre en sureté les rayons.

Dans les statistiques qui nous sont passées sous les yeux, nous n'avons pas vu le recensement des Seelungs. Leurs habitudes vagabondes rendent cette opération difficile, on sait approximativement qu'ils ne dépassent pas le nombre de 3 à 4.000 individus répartis en un certain nombre de tribus dont on n'a encore pu relever les différences.

CHAPITRE IV.

Le culte de Bouddha — Analogies du bouddhisme et du christianisme — Richesses des monuments du culte — La fête de Thawadehntha — La fête de Sohn-Daw-gyee et les repues franches — Les filles en étalage — Hiérarchie religieuse — Les monastères — Le choix d'un nom — La robe jaune et l'instruction obligatoire — La vie au couvent.

Pas plus qu'en n'importe quelle région de la terre, la religion n'est une en Birmanie. Le *state man's yearbook* de 1882, qui ne tient pas compte du recensement opéré l'année précédente répartit ainsi les différents cultes :

Hindous	Mahométans	Bouddhistes	Chrétiens
36.658	99.846	2.447.831	52.299

Bien que ces chiffres ne soient plus exacts aujourd'hui, ils donnent cependant une proportion instructive et qui n'a pas dû considérablement changer, bien qu'on ait négligé d'indiquer le nombre des idolâtres et qu'un certain nombre de conversions au christianisme se soient produites, principalement chez les Karengs.

En somme, la religion dominante est le bouddhisme. Fondée par un hindou de la race Kschatriya, Çakya-Mouni ou Gautama, comme on l'appelle généralement en Birmanie, était fils du souverain de Magadha. Sa mère portait le nom de Maya Devi ou l'Illusion (Maya) parce que son corps semblait être le produit d'une illusion ravissante. Maya Devi passe pour être morte sept jours après la naissance de son fils, haute faveur de la divinité, pour qu'elle n'eut pas, plus tard, le cœur brisé de voir Çakya-Mouni la quitter pour mener la vie errante du moine mendiant.

On ne s'attend pas que nous donnions ici, d'après les livres sacrés de l'Inde, un résumé de la vie et des voyages de Bouddha, il nous suffira de rappeler que sa doctrine était une protestation contre le système bramanique des castes et que, malgré l'opposition faite par les intéressés, elle ne tarda pas à se répandre en Asie, si bien qu'elle compte aujourd'hui, comme adhérents, le quart de l'humanité.

La révolution opérée par Bouddha, avait avec celle que le Christ devait accomplir six siècles plus tard, plus d'un point de ressemblance, comme on en pourra juger par l'énoncé des cinq commandements qui forment la base de sa morale, et dont l'observation était strictement réclamée de tous les disciples.

« Ne pas tuer, ne pas voler, ne pas mentir, ne pas pratiquer l'adultère, s'abstenir de liqueurs enivrantes.

Çakya-Mouni était un révolutionnaire, on le voit, mais bien qu'il ait passé sa vie à prêcher des doctrines subversives, les adeptes de la religion qu'il voulait renverser ne cherchèrent pas à le supprimer violemment et il périt de mort naturelle.

Dès qu'il eut rendu le dernier soupir, ses disciples brûlèrent son corps et distribuèrent ses reliques aux différents souverains des environs de Magadha qui les enterrèrent pieusement et élevèrent au dessus des *stupha* ou tumulus. Deux siècles et demi plus tard, ces mêmes reliques furent déterrées et distribuées à nouveau entre les différents peuples qui avaient embrassé la doctrine bouddhique. De là cet éparpillement, cet émiettement des restes de Bouddha, qui a permis à tel monastère ou à telle pagode de se dire possesseur de telle ou telle partie du squelette sacré.

Simples tout d'abord, comme la doctrine du Maître, les temples qui lui furent consacrés crurent bientôt en importance et en richesse, et parce que les prêtres sont partout les mêmes, et que leur influence est en raison directe des trésors qu'ils possèdent, et, parce que les pays qui avaient embrassé la nouvelle doctrine devenaient eux mêmes, plus riches et plus puissants.

De toutes les contrées qui ont suivi la loi de Bouddha, il n'en est pas, croyons nous, qui possèdent un plus grand nombre de temples, de statues, de monastères, et de ceux-ci il n'en est pas qui soient encombrés de plus d'offrandes, qui soient plus visités que ceux de la vallée de l'Irraouaddy. On peut se faire une idée de la richesse de leur ornementation extérieure et, par la façade si souvent reproduite de la grande pagode de Rangoon et par la belle statue de Gautama en albâtre oriental dont le général d'Orgoni a fait hommage au musée de Vendôme sa ville natale (1). Suivant une vieille habitude, les fidèles font assaut de présents ; à côté des statues de bronzes ou de bois doré, s'entassent les offrandes des plus humbles, mais non des moins fervents : bouquets et couronnes de fleurs, chandelles allumées, drapeaux, fruits ou riz bouilli. On les voit prosternés pendant des heures entières, devant les statues de Gautama, le front dans la poussière, marmottant des prières, égrenant leurs litanies interminables de formules à la louange du dieu ou absorbés dans une contemplation interne, voisine de l'hébétude.

Au nombre des cérémonies religieuses observées

(1) Le général d'Orgoni dont le nom véritable est Girondon (Louis Charles) est un aventurier qui, après bien des métiers divers, après avoir couru le monde et visité l'Amérique, l'Afrique Méridionale, l'Inde, fut appelé en Birmanie par le prédécesseur de Thibau. D'Orgoni mit au service de la France l'influence qu'il sut conquérir sur le roi et chercha, à plusieurs reprises, auprès du gouvernement de Napoléon III, un appui qui aurait servi au développement de nos relations commerciales et à l'accroissement de notre prestige. Ses efforts si patriotiques se heurtèrent à un mauvais vouloir invincible dont d'Orgoni vint lu même, en 1863, chercher la cause en France. Il est regrettable que d'Orgoni n'ait pas pu s'entendre avec un autre Français, Thomas-Anquetil qui visitait la Birmanie à la même époque. Ces deux hommes, animés d'une même passion, la grandeur de leur patrie, réunis, auraient peut-être réussi à nous ouvrir la route de la Chine méridionale, alors qu'adversaires, ils échouèrent tous deux misérablement.

avec le plus d'empressement, il faut citer la fête de Thawadehntha qui se célèbre au commencement de novembre, et pendant trois jours consécutifs, avec une piété toute particulière à Rangoon et à Mandalay où un immense concours de population y prend part.

Malgré la rapidité avec laquelle s'élèvent les constructions en bambou, les préparatifs ne prennent pas moins d'une huitaine de jours. On commence par dresser une immense plateforme de vingt, quarante ou soixante pieds, suivant l'importance de la somme que les organisateurs de la fête ont récoltée par souscription ; puis on y élève une énorme tour avec chemin extérieur en spirale, tel que certaines gravures anciennes nous représentent la tour de Babel, seulement ici, la construction est coupée par sept toits de moins en moins larges.

C'est la représentation idéale du chemin que Bouddha aurait suivi pour monter au deuxième ciel où il allait prêcher à sa mère la loi sacrée. Quelquefois, mais rarement, on établit de l'autre côté de la tour un deuxième sentier par lequel la divinité est censée avoir redescendu sur la terre.

Le premier soir, à la clarté de la lune à laquelle se joignent les lueurs tremblotantes des torches et les âcres senteurs des lampes de pétrole, on amène sur le lieu de la fête une statue de Bouddha, dans l'attitude consacrée. On la hisse sur un char et on la monte au moyen d'un câble qui s'enroule sur un treuil, lentement et majestueusement, afin que les assistants ne perdent aucun détail de ce saint spectacle et gagnent par cela même une plus grande somme d'indulgences. Autour de la statue se groupent des rois en costume de cérémonie avec leurs parasols, des ministres que des pages rafraichissent à coups d'éventail en plumes de paon, enfin se presse la foule multicolore des processionnistes

Tous chantent les louanges de la divinité. Rien de curieux comme ce concert de milliers de voix qui semble monter au ciel, comme ce défilé de myriades de lanternes, de torches, et de cierges qui se renouvellent sans cesse! C'est un spectacle véritablement féerique dont le souvenir demeure toujours aussi vivace dans la mémoire du voyageur. Lorsque le cortége a atteint le sommet de la tour, tout ce monde se prosterne et un fort gaillard, à la voix tonitruante, récite le sermon qu'on prête à Gautama et dont le texte est conservé dans les livres sacrés.

Le lendemain a lieu la descente avec la même cérémonie et la fête se termine par l'envoi aux pagodes de présents qu'on a bien soin de faire circuler à découvert afin que nul n'ignore la générosité du donateur.

A peu près à la même époque, se célèbre la fête de Sohn-Daw-gyee (1), fête destinée à conserver le souvenir de l'offrande de riz et de lait faite à Gautama par une femme nommée Thoozata. Ce sont là des épisodes qui ne nous disent rien, mais reportons-nous au moyen-âge, alors qu'on représentait sur des trétaux

---

(1) De ces cérémonies, on trouve dans Shway-yoe pseudonyme d'un Anglais qui a longtemps résidé dans le pays, d'interminables descriptions infiniment curieuses.

les moindres incidents de la vie de Jésus-Christ et de sa Passion. Bien qu'elle en connut d'avance toutes les péripéties, la foule ne suivait-elle pas avec émotion le drame déchirant qui se passait sous ses yeux ? Si nos enfants étaient familiarisés, dès leur jeune âge, avec les moindres détails de l'existence miraculeuse du Christ, c'est bien autre chose en Birmanie où tout le monde passe une certaine période de son existence dans un couvent.

La fête de Sohn-Daw-gyee est la fête des mendiants ; on les régale avec une profusion et un luxe qui leur laissent, jusqu'à l'année suivante, des regrets amers en même temps qu'un souvenir bien doux et une espérance dont ils attendent la réalisation avec une impatience légitime.

Rien n'égale alors l'animation de la ville. Ce que nous voyons ordinairement se produire, lors de notre fête nationale, se pratique communément en Birmanie. Les habitants d'une même rue, d'un même quartier, se cotisent pour subvenir aux frais des décorations et des réjouissances. Arcs de triomphe ornés de fleurs et de feuillages à l'entrée des rues, guirlandes de fleurs girandoles de lanternes de couleur en papier, estrades sur lesquelles bateleurs, acteurs et danseuses, musiciens, clowns et marionnettes s'ébattent et se démènent à l'envi ; rien ne peut donner une idée de ces fêtes splendides sous un ciel merveilleux de limpidité, avec une foule grouillante au travers de laquelle diables de toute sorte, serpents ou dragons ont peine à se frayer un passage.

Voici pour le plaisir des yeux et des oreilles; les autres sens vont avoir leur tour. Dans l'intérieur de chaque maison, sont empilées des montagnes de riz, d'énormes quartiers de bœuf et de porc, des poissons, des canards rotis et autres volatiles non moins appétissants.

A coté du nga-pee, le condiment national, s'entassent en un désordre qui réjouit l'œil et fait venir l'eau à la bouche, les oranges et les citrons, les bananes et les mangoustans, les fruits de toute sorte, indigènes ou importés, les bonbons et les chatteries d'une confiserie absolument autochtone, tandis que le bétel et la noix d'arec viennent vous rappeler, si par hasard, vous l'oubliez, que vous êtes dans l'Inde.

Pour l'étranger qui assiste pour la première fois à ce déploiement de luxe gastronomique qui fait penser aux noces de Gamache, aux franches repues et aux festins pantagruéliques de maître Alcofribas, l'étonnement et l'admiration sont sans bornes, mais, ce qui frappe encore plus, s'il est possible, c'est le goût qui a présidé à la décoration des maisons des simples particuliers.

A les voir si simples au dehors, jamais on ne dirait qu'elles peuvent se transformer si radicalement. Est-il rien de plus banal que cette maison de bois du Birman qui, élevée de quelques pieds seulement au dessus du sol, rappelle vaguement la forme d'une tente. A cet extérieur modeste, répond un mobilier aussi simple : quelques vases en terre servant aux usages domestiques, quelques coffres et boîtes en bois, quelques rouleaux de nattes sur lesquelles le propriétaire passe la nuit, voilà tout l'ameublement. A cet aspect peu flatteur, ajoutez des murailles noircies par la fumée, un plancher constellé de plaques rouges qu'amène l'usage du bétel, taches auxquelles se mêlent les traces sombres de l'huile qu'on a répandue par accident, et vous aurez au vrai et peint sur le vif, le tableau d'un intérieur birman. Nous sommes loin, en le voit de ces intérieurs à la Van Ostade, où éclatent en tonalités lumineuses les cuivres rouges et jaunes de la ménagère hollandaise. Ici, pas de contraste, tout est sombre, presque monochrôme et il faudrait à un peintre un singulier talent pour tirer de ces clairs obscurs un tableau de mérite.

Le jour de la fête de Shon-Daw-gyee, vous ne reconnaitriez assurément pas la demeure ordinaire du birman. Les murs qui ferment la maison par devant ont disparu comme par enchantement. Il ne reste plus qu'une sorte de verandah dont les parois sont tendues de tapisseries qui tombent jusqu'à la terre jonchée de nattes de bambou, tandis que le toit disparait sous un ciel bleu de papier parsemé d'étoiles bleues, rouges, vertes, et or. De tous côtés sont pendus des miroirs où se reflètent des statues de stuc ou de bois dont l'or chatoie sous les baisers ardents des lampes ou d'innombrables lumières fichées dans d'énormes chandeliers aux pendeloques de verre, dans ces lanternes que nous qualifions ici de chinoises bien qu'on les rencontre partout dans l'extrême orient.

Aux murs sont appendues de mauvaises gravures

allemandes qui racontent les victoires prusiennes; à terre c'est une profusion de boites à bétel, de coupes d'or et d'argent et l'on ne saurait où mettre le pied, si le propriétaire n'avait eu soin de réserver un coin qu'il a garni de tables et de chaises pour les visites européennes qu'il compte bien recevoir. Tout à fait au fond de la pièce, alignées contre la muraille et continuant pour ainsi dire la décoration des statuettes et des miroirs, se tiennent des jeunes filles revêtues de leurs plus beaux atours, aux costumes richement brodés, aux étoffes les plus gaies, aux bijoux les plus merveilleux. Ce sont généralement les filles et les sœurs du propriétaire; mais si cet élément féminin de décoration lui manque, il va au bazar louer quelques jeunes filles qui lui servent de porte-bijoux. Sur leur poitrine s'étale un beau et large collier fait de poissons d'or et d'argent ainsi que de fleurs; à leurs oreilles pendent de grands cercles d'or enrichis de rubis, d'émeraudes ou d'autres pierres précieuses; on ne compte pas le nombre de leurs bagues et de leurs bracelets, tous d'un goût original et d'une forme charmante. Shway-yoe [1], un auteur pseudo-birman plein de malice auquel nous aurons plus un emprunt à faire, fait remarquer que chacune de ces jeunes filles valant plusieurs centaines de roupies, c'est pour cela qu'on a eu soin de les mettre si loin, à l'abri du contact et des tentations de la foule.

De temps en temps, quelque petite fille, toute jeune

[1] The Birman, his life and notions. London 2 vol. in-8º.

et gentille se lève et vient au bruit des trompettes, des *pattalas* ou de l'harmonica exécuter quelque danse bizarre, entamer quelque cantilène au charme pénétrant.

Pour l'étranger, il a été prié de s'asseoir, invité à goûter quelques friandises, à fumer un cigare, politesses auxquelles il doit répondre forcément en louant et la beauté de la fête et la magnificence sans rivale de son hôte, chanson obligée qu'il répètera dans la maison voisine!

Mais ce sont là des fêtes religieuses qui ont fini par n'avoir plus qu'un rapport assez éloigné avec leur motif originaire, et qui ne peuvent donner à l'étranger qu'une idée incomplète du temps que prennent au birman les pratiques religieuses. On peut dire que, dès sa naissance, il est soumis à un véritable entraînement, à des exercices multiples qui doivent l'attacher, pour la vie entière, au culte de Bouddha. Shway-yoe, s'étend avec une complaisance et une prolixité merveilleuses sur tout ce qui touche au culte et à ses différentes cérémonies. Pour nous, avec notre indifférence générale, nous ne prenons qu'un intérêt très restreint à des pratiques qui diffèrent un peu de celles en usage chez nous, mais qui nous semblent tout aussi ridicules, bien qu'explicables chez un peuple encore si éloigné de notre civilisation.

Il nous suffira de dire que ceux qui embrassent la carrière religieuse, ne sont ni des moines cloîtrés ni des prêtres séculiers mais des *monks*, expression anglaise qui nous paraît le mieux définir l'état de ces religieux réunis en congrégation.

On divise généralement en cinq degrés les grades que peuvent conquérir les religieux. On commence par être *sheng*, c'est à dire qu'on a revêtu la robe jaune sans être membre profès d'aucune communauté. On pourrait compter en Birmanie le nombre des garçons qui n'ont pas porté la robe jaune du néophyte; car tout individu qui n'aurait pas passé cette initiation ne serait pas plus considéré de ses compatriotes que le plus vil des animaux.

Les *Pyit-tseng* sont ceux qui, ayant vécu pendant un certain temps dans une communauté comme sheng sont admis à faire profession dans une cérémonie spéciale.

Le *Tshra-ra* est le chef de communauté, le supérieur, qui contrôle tous les actes de ses subordonnés.

Le *Gaing-oof* ou provincial dont la juridiction s'étend sur toutes les communautés des villes et villages du district ou de la province.

Le *Tshra-ra-daw* ou supérieur général, qui vit dans la capitale et a le gouvernement de toutes les affaires religieuses dans la Birmanie anglaise et indépendante.

Il en est arrivé de la religion de Bouddha comme de toutes les autres; tout d'abord elle prêchait la fraternité, mais, insensiblement, elle s'est détournée, la nature humaine étant partout la même, de ses véritables principes. Ses prêtres continuent bien à les enseigner, mais ils sont les derniers à les pratiquer. Le Bouddhisme est encore un instrument de domination, comme le christianisme l'a été, si longtemps, chez nous. Il ne faut donc pas s'étonner que les monastères, les *Kyoung*, comme on dit là-bas, ne soient plus, depuis des siècles, les petites huttes bâties avec des troncs d'arbre de la primitive église. Sous prétexte d'honorer la divinité, les prêtres assurèrent qu'il n'y avait rien de trop beau pour elle et les premiers croyants, qui étaient sincères, se laissèrent dépouiller par eux. Avec la richesse s'accrut la puissance du clergé, et, elle est telle aujourd'hui, comme nous le disions tout à l'heure, que personne n'oserait se dispenser de prendre la robe jaune. Le luxe des pagodes et des monastères est véritablement prodigieux aujourd'hui et les serviteurs de la divinité, en réalité des religieux, y forment de petites armées.

Les monastères, car je ne sais en vérité quel nom donner à ces bâtiments, sont le plus ordinairement en bois, de forme oblongue et portés à huit ou dix pieds au-dessus du sol sur des piliers de bois, plus rarement de pierre ou de brique.

C'est du moins ce qui se passait il y a une vingtaine d'années, car maintenant, aux environs de Moulmein et de Rangoon, la maçonnerie remplace souvent les pans de bois et les toits en tuiles ont succédé aux toits en bois enjolivés de sculptures et de dorures. Les toits succèdent aux toits, s'étageant toujours plus petits les uns que les autres, afin de donner au monument cette forme pyramidale chère aux artistes du pays.

Par un escalier monumental que décorent au niveau du sol des griffons ou des dragons de forme fantastique, on parvient à une vaste *hall* qui sert de parloir et de salle d'école. Au fond s'élève une sorte d'estrade dont une partie est réservée aux *Rahan*, parfaits, qui reçoivent des visites ; de l'autre côté, avec les images de Gautama, sont rangés un certain nombre de coffres et de boites délicatement sculptées, ornées de nacre, ainsi que les quelques livres qui composent la bibliothèque de l'établissement. C'est derrière cette salle que se trouvent les dortoirs, réfectoires et autres dépendances qui constituent à proprement parler le monastère.

Que l'on ne s'étonne pas de l'importance de ces établissements, c'est que la religion est mêlée à tous les actes de la vie et cela dès l'enfance. Un bébé vient de naître; quinze jours se passent et, la frêle créature n'a pas encore eu le temps de s'accrocher à la vie, qu'elle est déjà la proie de quelque cérémonie. Il faut lui donner un nom. Chose grave, et qui peut avoir de l'influence sur son existence entière!

On a donc soin de consulter l'astrologue qui fixe le jour le plus heureux et l'heure la plus propice. Les parents et les amis sont invités à la fête, c'est la première fois qu'on lave la tête de l'enfant. Tout le monde est réuni dans la maison silencieux et grave; au milieu du cercle, la mère est assise, fume ou chique le bétel. Tout à coup, le parent le plus proche parait être frappé d'une idée, un nom lui semble heureux, il s'empresse de le proposer. Tout le monde de l'accepter aussitôt, car la chose a été décidée d'avance. Bien que cette comédie se renouvelle chaque fois et que personne n'en soit dupe, on la joue quand même, et toujours avec un égal succès !

Mais ce que nous ignorons, c'est que le choix d'un nom est soumis à des formalités et à des discussions interminables. Chaque jour de la semaine emporte avec soi certaines qualités ou certains défauts, ainsi, un individu né un lundi est jaloux; on ne pourra choisir le nom de l'individu né le lundi que parmi un certain nombre de lettres, enfin chaque jour à son symbole particulier, animal qui devra être tatoué sur le corps de l'individu.

Comme on le voit, cette question des noms est on ne peut plus compliquée; à son ordinaire Shway-yoe la traite avec une prolixité désespérante. De toutes les explications qu'il donne, nous ne relevons que les plus saillantes : le nom d'un individu varie avec son âge et n'est jamais celui de son père, particularités qui doivent rendre on ne peut plus difficile l'établissement des liens de parenté et qu'il est impossible de concilier avec les exigences de l'état civil.

Nous disions un peu plus haut que tout Birman est envoyé à huit ou neuf ans dans un couvent et endosse la robe jaune des novices; c'est pendant ce temps qu'il apprend gratuitement à lire et à écrire, aussi ne faut-il pas s'étonner qu'on ne rencontre jamais un Birman illettré. Mais, si l'instruction est gratuite et obligatoire, elle est loin d'être laïque, car tous les livres employés traitent de la religion et impriment dans ces mémoires encore toutes neuves, dans ces intelligences faciles à manier, les cinq commandements, les règles qui viennent s'y ajouter, les formules à employer à la pagode et autres canons tout aussi importants.

C'est du moins ce qui s'est pratiqué jusqu'à ces derniers temps, car un grand nombre d'écoles anglaises se sont ouvertes. Elles ont été vues, ces écoles athées, d'un aussi mauvais œil par les fanatiques Birmans que nos écoles laïques, à nous autres Français, dont l'établissement a été combattu par tous les amis d'un passé qui n'a plus sa raison d'être. C'est que les Anglais ont négligé cette instruction par trop spéciale pour donner aux Birmans des notions plus pratiques et qui doivent leur être, dans la lutte pour l'existence, d'un secours plus efficace.

Le dernier recensement accuse 85.930 enfants fréquentant les écoles placées sous le contrôle du gouvernement alors qu'on n'en comptait que que 2.456 en 1872. Si, comme le dit Shway-yoe, dans les écoles anglaises on apprend à gagner de l'argent et dans les écoles birmanes à être heureux, il faut croire qu'aujourd'hui les Birmans font consister le bonheur dans la richesse.

Quelques détails sur la vie au couvent ne seront pas déplacés ici, ils auront l'avantage de nous rendre sensible la différence entre cette existence et celle de nos religieux. On se lève à cinq heures et demie au son de la cloche, on fait la prière et les étudiants vont laver les parquets (sorte de rapinage) tandis que les novices arrosent les arbres sacrés et que les plus agés, sous couleur de méditation, vont continuer au frais leur somme interrompu.

4.

Après un premier repas, naturellement précédé d'une prière, on passe une heure à l'étude, puis on se met en rang et l'on part processionnellement pour mendier, silencieusement et les yeux baissés, sa nourriture quotidienne. La part de Bouddha lui est, au retour, solennellement offerte et l'on va confortablement déjeuner. La digestion se fait en chantant les louanges de Gautama; on cause, les jeunes gens jouent avec calme et décence, les talapoins, comme on nomme les prêtres, reçoivent la visite d'individus qui viennent les entretenir de leurs propres affaires ou de celles du couvent; puis les jeunes gens se remettent à l'étude tandis que les autres lisent de vieux textes, copient des manuscrits ou égrènent les grains de leur rosaire et s'absorbent dans une méditation qui rappelle l'absence de soi-même de l'idiot. On fait ensuite quelque nouvelle procession à la pagode et la journée s'achève par des chants et des cantiques entonnés avec autant de conviction que de puissance.

Les religieux sont donc mêlés à la vie ordinaire; ce sont des moines mendiants, mais en aucune façon des moines cloîtrés; passant la journée vis à vis d'eux mêmes, dans un ennui et un désœuvrement tels que les exercices de la pagode sont pour eux les bienvenus, distractions prévues et connues d'avance, je le veux bien, mais qui peuvent apporter, par quelque incident fortuit une modification bien courte, mais toujours espérée à une règle de vie désolante par sa monotonie.

CHAPITRE V

Moulmein et son commerce — Ses édifices — Le jardin de la Birmanie — Le Tenasserim — Les grottes des environs de Moulmein — Leurs statues et leurs stalactites.

Maintenant que le lecteur peut se faire une idée du pays et de ses habitants, nous pouvons reprendre le récit de mon séjour.

Dix heures de vapeur séparent Rangoon de Moulmein. Assise sur la rive gauche de la Salouen, à son confluent avec le Gyainh et l'Attaran, cette dernière ville est protégée des moussons et si bien cachée par la grande ile de Bhee-loo-gywon, qu'elle parait être très-loin sur la rivière, tandis qu'en réalité, elle est baignée par les flots de la mer.

Moulmein était, il y a une trentaine d'années, la ville la plus importante de la colonie anglaise. On y comptait à cette époque, un grand nombre de français qui s'y étaient établis pour la plupart sans esprit de retour. Aussi, ne faut-il pas s'étonner d'y rencontrer beaucoup d'individus qui ont pris le type anglais, mais dont le nom est d'origine française. C'est ainsi qu'il y avait, à l'époque où je visitai Moulmein, une rue La Condamine, et une rue Limousin.

Ce qui avait donné à cette ville une importance si considérable, c'étaient ses énormes chantiers de construction où furent bâtis en bois de tek les premiers clippers qui firent le commerce de l'opium avec la Chine. Mais, du jour où les Anglais se furent emparés de Rangoon, depuis que le fer et l'acier ont été, tous les jours, plus employés dans la construction des navires, Moulmein a décliné. Au lieu de s'entêter, les constructeurs ont cédé au courant. Ils ont transformé leur chantiers en scieries mécaniques et en moulins à vapeur pour le riz. Puis, l'exportation des bois de tek dont le district d'Amherst est si riche, a pris une extension considérable et on fait encore de belles fortunes à Moulmein. En 1836 le revenu du bois exporté par Moulmein était de 20.804 roupies et de 206.359 roupies vingt-ans plus tard; ce qui correspondait à une exportation de 28,779 tonnes, tandis que pendant l'exercice 1877-1878 on n'en a pas sorti moins de 123.242. Les plus riches marchands de bois de toute la Birmanie, sont deux habitants de Moulmein, M. Darwood qui a fait sa fortune et elle est colossale, en moins de vingt ans et M. Limousin qui, né à Bordeaux, est venu dans le pays dès l'âge de dix ans et près duquel tous les Français sont assurés de trouver l'accueil le plus cordial et le plus empressé.

Avec le peuplement de la contrée et le développement du commerce, certains produits agricoles ont été plus demandés de jour en jour, ce sont le riz dont, en 1876-1877, on a exporté 55.657 tonnes, le coton, le cuivre, le laque, etc; tandis qu'on importe des soieries, des cotonnades, du vin, de la bière, des spiritueux, du sucre et du bétel.

La ville avec ses petites collines boisées, ses nombreuses pagodes qui font des taches blanches sur le vert sombre des mangotiers, et le vert clair de l'arbre à pagode et dont l'or étincelle sous les rayons du soleil est fort pittoresque. Ajoutez-y que la plupart des maisons, sauf sur le bord de la Salouen, sont entourées de champs et de jardins, ce qui leur donne le cadre le plus riant qu'on puisse imaginer. Aussi, du sommet des collines au centre de la ville, a-t-on l'une des perspectives les plus agréables de la Birmanie; l'horizon se ferme avec la mer et ses nombreux îlots verdoyants, tandis que de l'autre côté du fleuve on aperçoit les masures et les paillotes de ce qui fut Martaban, jadis capitale d'un royaume, aujourd'hui pauvre village qui ne vit plus que de souvenirs.

La Salouen et ses tributaires forment une presqu'île entrecoupée de collines toujours vertes. Les chemins de la ville, bordés de haies de bambous aux feuilles aigues, qui, frappées par le soleil feraient croire à une forêts de petites lances d'émeraude, les sinuosités pittoresques des rivières et surtout les bords de l'Attaran aux rochers agrestes dominés par des temples à l'air inaccessible, ont mérité à tout ce canton le surnom de *jardin* de la Birmanie. Un jardin, oui certes, mais un jardin où l'on ne respire que des effluves balsamiques et vivifiantes, un jardin dont l'air est si pur qu'on avait songé à y établir un *sanatorium* pour les troupes et les résidents étrangers.

Les collines qui forment l'extrémité de la chaîne de Toung-gnyo partagent la ville en deux portions distinctes et dissemblables. A l'Ouest sont quatre districts entre la Salouen et les collines, depuis les moulins à vapeur et les docks de Mopoon jusqu'aux cantonnements, c'est là que sont réunis les principaux édifices et les maisons des résidents européens. Quand nous aurons cité la *Salween-House*, que le colonel Bogle avait fait construire comme résidence particulière et qui appartient aujourd'hui à la municipalité, l'hôpital, les églises, la prison, la douane, la porte et les baraques du régiment en garnison, nous aurons tout dit. Quant aux Birmans et aux Talaings ils habitent de l'autre coté de l'Attaran un gros village, presque un faubourg qui porte le nom facile à prononcer de Gnyoungbeng-tshiep.

De toute la Birmanie, des Indes, on peut le dire, le Tenasserim est la contrée la plus pittoresque, il n'est pas un voyageur qui ne vante la variété des perspectives de ce pays accidenté. Seule, la Suisse, avec ses paysages alpestres, peut donner une idée, encore bien affaiblie à cause des différences de température et de végétation, de l'interminable succession de gorges, de vallées et de montagnes qui constituent l'immense panorama qu'on voit se dérouler jusqu'à la frontière siamoise.

C'est dans le Tenasserim seulement que peuvent venir à bien le caféier et le cotonnier, c'est-là qu'on a réussi à acclimater la plupart de nos fruits : raisin, pêches, abricots, figues, la pomme qui a peine à murir et l'oranger qui y pousse à merveille ainsi qu'en témoignent certains échantillons de quinze à vingt pieds de haut que j'ai admirés non sans stupeur.

Au nombre des curiosités naturelles que renferme cette *terre de Chanaan*, il n'en est pas qui soit plus assidûment visitée que les grottes des environs de Moulmein. Pour s'y rendre, il faut traverser la Salouen et l'on trouve ordinairement des voitures qui vous y conduisent, mais au moment ou j'arrivai de l'autre côté du fleuve, je ne pus mettre la main que sur une charrette tirée par des bœufs à bosse.

Deux heures durant, je fus secoué, cahoté, ballotté à travers les chemins raboteux des collines et les ornières de la plaine A la sortie d'un bois, on aperçoit un gros roc isolé dont on se croit tout près, mais dont l'accès exige encore une heure de supplice.

Au pied de ce monticule, habitent des prêtres et des prêtresses de Bouddha qui paraissent faire fort bon ménage et vendent aux visiteurs et aux pélerins des bougies de cire et des torches de résine.

Les grottes naturelles ont été agrandies il y a des siècles et transformées en temple.

A l'entrée, on croise d'abord des idoles taillées en plein roc et qui n'ont pas moins de soixante mètres de long. Couchés sur le côté, la tête dans la paume de la main, on dirait deux fidèles serviteurs qui, reposant au seuil de la porte, veillent sur la demeure de leur maître et seigneur.

A l'intérieur, ce sont quantité de figures dans l'attitude bouddhique, les jambes repliées sous elles ou à genoux, les unes taillées dans le roc, les autres bâties en briques, ce que permet de reconnaître leur état de vétusté. Il faut lever les torches en l'air pour apercevoir la tête de ces statues dont quelques unes paraissent, à la lueur douteuse et tremblotante des torches se perdre dans l'obscurité d'une voûte qui s'élève de cent mètres, dit-on, au-dessus du sol.

De tous côtés ce sont statues de Bouddha, les unes peintes ou dorées, les autres revêtues d'étoffes de soie et abritées par d'énormes parasols; à côté se dressent une trentaine de figures d'albâtre, debout, le chapeau en forme de mitre sur la tête, habillées de riches vêtements brodés de verroterie multicolore. Spectacle inouï, merveilleux, digne d'un conte des *Mille et une nuits*! La lumière des torches se brise et s'irise sur les stalactiques, les fausses pierreries jettent des feux inattendus, les stalagmites accrochent et réfléchissent la lumière. A travers les fissures du rocher, s'est infiltré avec les eaux, un sable métallifère, si bien qu'on croirait la voute et les parois incrustées de pierres fines. On ne sait, en vérité, de quel côté se tourner, tant les jeux de l'ombre et de la lumière sont singuliers, tant ils donnent à ces sables un aspect fantastique. Ouvrage de la nature, du temps et de la patience des hommes, mille fois plus beau et plus curieux que tant de produits de la civilisation et des arts, les âges ont passé et tu restes debout, dernier vestige de l'époque éloignée où les plaines que nous foulons étaient couvertes par les flots de la mer !

En sortant, je cherche un chemin pour escalader le sommet du rocher, mais il n'est accessible que de l'autre côté et il faudrait plus d'une heure pour atteindre le sentier qui conduit à la cime de la montagne. Ce ne sont là-haut, qu'épais buissons de bambous gigantesques, arbres énormes dont les panaches se balancent à vingt-cinq ou trente mètres au-dessus du sol et dont les racines ont, en bien des endroits, éventré la voûte de la grotte.

Il faut enfin s'arracher à ces merveilles et gagner la plaine par des sentiers abrupts qui ne me rappellent en aucune façon le *facilis descensus Averni* de Virgile. Je reprends alors, dans mon affreuse charrette à bœufs, qui n'a pas tout à fait le moelleux d'un *huit ressorts*, le chemin de Moulmein où j'arrive à la nuit tombante, brisé, mais enchanté de mon excursion.

CHAPITRE VI.

Représentations et représentants. — Ce qu'on nomme *pwai*. — Actrices et acteurs. — Le théâtre des marionnettes. — Les danseuses birmanes. — Le corps de ballet du roi Thibau. — Les régates sur l'Irraouaddy. — La boxe. — Les combats de taureaux et de coqs.

A ma connaissance, il n'existe pas de nation plus folle des représentations théâtrales que les Birmans. Dans ce singulier pays, on ne trouverait peut-être pas un homme qui n'ait, au moins une fois dans sa vie, joué de rôle dans une pièce de théâtre ou qui n'ait tenu sa partie dans quelque danse d'ensemble.

D'ailleurs, comme nous avons eu déjà l'occasion de le dire, il n'y a pas un évènement dans l'existence qui ne soit, pour un Birman, prétexte à réjouissances dramatiques. Vient-il au monde, théâtre; entre-t-il au couvent, se marie-t-il, fait-il quelque bonne spéculation, construit-on un pont, une pagode, théâtre, et toujours théâtre!

Les représentations sont données de nuit, en plein

air. Y assiste qui veut, sans payer. C'est ce qui explique l'insuccès du théâtre construit à Rangoon, théâtre où, pour une durée fixe, on engage une troupe, mais où l'on n'entre pas sans payer.

Celui qui donne une représentation, un *pwaï*, comme on dit, dans le pays, se fait construire une sorte de petite loge fermée et couverte d'un toit dans laquelle il se fait installer un lit, des nattes, des chaises, apporter des cigares, des sucreries, et s'il doit venir un Européen, l'inévitable bouteille d'eau de vie. C'est là qu'il reçoit ses plus intimes amis qu'il a invités en leur faisant porter quelques feuilles de thé confit au vinaigre.

A peine la représention annoncée, de longues files de femmes leur natte sous le bras, se dirigent vers l'emplacement de la fête. Nous disons la place de la fête, car, pendant toute la durée de la représentation, les affaires sont arrêtées et nombre de jeunes filles s'établissent des deux côtés du chemin, étalent sur une table basse des cigares, des bonbons, des gateaux et autres marchandises. Chacun de ces éventaires est éclairé par une sorte de lanterne au pétrole qui rappelle vaguement celle de nos marchands d'oranges.

La représentation est-elle un *zat-pwaï*, c'est-à-dire une pièce où les rôles sont tenus par des hommes ou des femmes? Une branche d'arbre, une feuille de bananier est plantée dans le sol au milieu du cercle formé par les spectateurs. On a beaucoup discuté sur cette singulière habitude et plus d'un savant, Yule entre autres, est allé chercher bien loin l'explication d'un fait que le premier acteur venu aurait pu lui fournir. A elle seule, cette branche d'arbre représente une forêt, ainsi qu'on pouvait le voir autrefois sur les théâtres de Londres, au temps de Shakspeare où un simple écriteau indiquait le lieu où la scène se passait. C'était simple, économique pour les directeurs, et cela suffisait au public dont l'imagination, plus vive, pouvait se figurer les palais, les cortèges, les décors merveilleux, assaisonnement obligé de toutes nos pièces d'aujourd'hui.

Autour de la branche d'arbre sont disposés quantité de pots remplis de pétrole dans lesquels baigne une mèche fumeuse de coton. Ces lampions servent non seulement à éclairer la scène, mais acteurs et spectateurs y viennent allumer leurs *cheroots* (cigares). Qu'une actrice, après avoir raconté ses souffrances et ses douleurs, s'entoure d'épais nuages de la fumée d'un cigare vert qu'elle vient d'allumer aux lampions, c'est pour elle un moyen d'exprimer qu'un danger imminent la menace, l'indice d'une catastrophe prochaine ! (1) C'est là un jeu de scène tout birman et que jamais Européen n'aurait compris.

La mode des applaudissements et des hurrahs n'existe pas. « Quand Yen-Daw-mah-lay, la *prima donna* de Mandalay, chante, quand le fameux joueur de puppazzi Moung-Thah-Byah donne une séance, on ne perçoit aucun bruit dans cette foule immense. » On entendrait voler un mouchoir comme disait Lau-

(1) Shway-yoe op. cit.

rent Jan, et ce n'est que quand la scène est finie que les chuchottements recommencent. « Ceux qui en ont été témoins reconnaîtront sans peine que ce tribut d'admiration spontané est aussi flatteur que les trépignements et les applaudissements des Européens (2).

Et ces acteurs renommés ne sont pas les seuls ; combien d'autres, dans ce pays ou tout le monde est acteur, savent représenter à merveille les désespoirs d'une amante trompée, la majesté d'un roi, la fureur bestiale d'un soudard ? et les clowns, aussi experts en chanons comiques qu'en contorsions grotesques !

Il nous est difficile d'apprécier et les pièces et les acteurs qui les représentent, nous n'avons pas été, comme les Birmans, saturés, dès l'enfance, avec les aventures de Gautama, nous ne connaissons ni les sentiments de la foule qui nous entoure, ni les légendes, ni tout le personnel historico-religieux mis en œuvre dans la plupart de ces pièces analogues à nos mystères du moyen-âge.

Les *impresarios*, ce sont le plus souvent de vieux acteurs qui ont mis de côté quelque argent, vont recruter leur personnel à Mandalay, faisant par écrit des engagements avec les acteurs pour la durée de la saison (novembre à mai). Un prince ou une princesse est payée de 800 à 1000 roupies par saison, un bouffon 500 ou 600, les danseurs 60 et les musiciens 40. Si la troupe est bonne, les recettes s'en ressentent; une représentation qui dure deux nuits se paie 450 roupies,

(2) Shway-yoe. Tome 1 page 345.

on comprend que tous les particuliers ne puissent se donner ce luxe là. Ils ne se livrent généralement à ces dépenses qu'en souvenir de quelque évènement de famille ou quand leur fils prend la robe jaune dans un monastère.

Quelquefois les prêtres d'une pagode s'associent pour faire les frais d'une représentation à la louange de Gautama; souvent, c'est un amateur de drames qui engage ses voisins à contribuer avec lui et, quand il a réuni une somme assez forte, il traite avec l'impresario. Mais il arrive, dit le *Burma gazetteer*, que des individus sans préjugé, ayant récolté 500 roupies, donnent un pwai qui ne leur en coûte que 250 et empochent la différence.

Les acteurs n'ont pas de loge, comme en Europe, ils font tous leurs préparatifs, hommes et femmes devant le public qui assiste à tous les détails de leur toilette. Les jeunes *gommeux* critiquent les cheveux trop rares de la jeune première qui est obligée de s'en ajouter de postiches, ils tournent en dérision les mines qu'elle s'adresse dans le miroir alors qu'elle *fait* son visage. Mais cela ne nuit pas aux illusions de la foule qui ne pense qu'à s'amuser des réflexions plus ou moins spirituelles ou drôlatiques qu'elle entend.

Puis, lorsque tout est prêt, acteurs et actrices montent sur les planches sans cesser de mâcher le bétel.

Comme nous le disions plus haut, le sujet de la plupart de ces pièces est emprunté aux évènements supposés des existences antérieures de Gautama ou pris dans l'histoire des rois et des reines de l'Inde.

Comme le dialogue serait monotone à la longue, on le coupe par des ballets ou par les dislocations désopilantes des clowns.

La représentation dure toute la nuit et la majeure partie des assistants demeure fidèlement assise sur sa nattte jusqu'à la fin. Cependant on voit quelques individus succomber au sommeil, d'autres s'en aller, tandis que les jeunes gens vont faire un tour au bazar, acheter des bonbons et des cigares, mais surtout *flirter* avec les jolies marchandes.

L'auteur le plus en vogue est le fils d'un ministre à Mandalay, du nom de Moung-Hpay, et sa pièce la plus célèbre est le Yamat-Zat, la lutte des hommes et des singes à Ceylan. Elle a été représentée à Rangoon lors de la proclamation de la reine d'Angleterre comme impératrice des Indes. Les acteurs les plus renommés, les costumes les plus somptueux, les instruments les meilleurs, tout avait été réuni pour la représentation de ce drame qui dura cinq nuits consécutives.

Quant aux pièces à marionnettes ou *Root-thai*, elles attirent au moins autant de monde. Je venais d'arriver depuis quelques jours seulement à Moulmein, lorsque j'assistai dans un village voisin à l'une de ces représentations. J'étais encore assez loin des premières maisons quand mes oreilles furent frappées d'un bruit assourdissant d'instruments discords. On aurait dit que toutes les musiques d'une fête des environs de Paris jouaient en même temps des airs différents. Je m'approche; au pied d'une estrade assez élevée, sont rassemblés une dizaine de musiciens, si l'on peut qualifier de musique le bruit infernal et antimélodieux qu'ils produisent. Il y a là un *tshaing*, chassis de bois circulaire d'environ deux mètres de hauteur et d'un mètre cinquante de diamètre, autour duquel sont appendus des tambours de différente taille et de plusieurs tons qui sont frappés à la main par l'exécutant, un *Kyce-Waing*, instrument de même sorte, mais un peu moins grand, et où les tambours sont remplacés par des gongs qu'un musicien frappe à tour de bras avec un bâton, deux ou trois *hnai*, espèce de clarinettes, une grosse cloche, des *ra-gweng* ou grosses cymbales, des cymbales plus petites, un *tom-tom* battu à la main, des castagnettes et je ne sais plus quels autres instruments barbares.

La plateforme en bambou est longue de deux mètres cinquante environ et fermée dans le sens de la longueur par un rideau derrière lequel se tiennent les joueurs de marionnettes. Sur la partie antérieure qui forme la scène est d'un côté la cour, aussi y voit-on un trône, des parasols dorés et autres insignes royaux, de l'autre est une forêt représentée par quelques branches d'arbre qui produisent une illusion absolument insuffisante.

Les poupées, en bois, ont deux à trois pieds de haut et sont luxueusement costumées. Leurs mouvements, produits par des ficelles attachées à la tête, aux jambes et aux bras paraissent assez naturels.

Je regardais, sans y comprendre grand chose, la pièce qui se déroulait devant moi et à laquelle le public semblait prendre un extrême plaisir, lorsqu'il se produisit un incident grotesque, du moins pour moi. Une des ficelles qui faisaient mouvoir le roi, se cassa et je vis descendre du ciel une main gigantesque, au bout d'un bras paraissant démesuré qui vint tout remettre en ordre, ce qui me fit aussitôt penser à Gulliver chez les géants.

Peu de temps après, et non loin de moi, deux jeunes gens se prirent de querelle à propos d'une natte dont ils se disputaient la possession. Les femmes s'en mêlèrent, on en vint aux coups, et, en moins de temps qu'il n'en faut pour le raconter, les gens paisibles s'enfuirent dans toutes les directions, la musique se tut et les marionnettes disparurent.

Le spectacle n'était plus sur la scène, il était sur la place où une masse grouillante se distribuait à l'envi des horions et des gourmades.

Je n'avais qu'une chose à faire, me mettre hors du combat et juger des coups, ce que je fis en toute hâte.

C'est à cause de la fréquence des querelles qu'un pwai ne peut se donner sans la permission de l'autorité et que les agents de police doivent toujours y assister pour mettre le holà lorsqu'on en vient aux mains.

Les joueurs de marionnettes acquièrent souvent plus de réputation que les acteurs véritables. Le plus célèbre est Moung-Tha-Byah, sans rival dans les rôles de prince; sa réputation est immense et ses jugements sont des oracles. A ce talent, Moung-Tha-Byah, joint celui de chanteur et il écrit des pièces qui ont eu du succès. Le roi de Birmanie lui a donné une patente pour porter un parasol doré ; Tha-Bin-Woon, un chanteur excellent, s'est vu conférer le droit de punir ceux qui l'offensent. Il est précédé de deux *licteurs* dont la tête, comme signe distinctif, est entourée d'une pièce d'étoffe blanche. On voit par ces exemples que l'art est honoré dans la Birmanie indépendante, en la personne de ses représentants, exemple que notre pays ne s'est décidé à suivre qu'à une époque relativement récente.

Les rôles de princesses sont tenus par deux acteurs de Mandalay dont l'habileté à imiter la voix féminine est merveilleuse; les trilles, les tremolos, les roulades, rien de tout cela ne leur est inconnu, ils sont si étonnants que jamais étranger ne soupçonnerait leur sexe.

On ne comprendrait pas comment les indigènes peuvent assister pendant des nuits entières à ces représentations, si l'on ne savait qu'ils prennent, en ces occasions, un anti-soporifique le lé-hp·!, le thé au vinaigre des Anglais, condiment aussi usité dans un diner birman que le fromage chez nous et qui passe pour un puissant digestif. C'est un mélange d'assafœtida, de sel et d'elœodendron auquel il faut être de longtemps habitué pour y trouver quelque charme.

Le théâtre n'est pas la seule distraction des Birmans, peuple paresseux qui saisit avec avidité tout prétexte pour s'amuser. Nous avons déjà dit quelques mots de la danse. Pour celui qui a vu les bayadères de l'Inde, celles de la Birmanie ne présentent point grand attrait. Les pas sont compliqués et la seule difficulté que présente la danse, c'est une faculté de déhanchement nécessaire pour accomplir les contorsions en usage. La danse birmane n'a qu'un caractère individuel, les mouvements de chacun n'étant pas réglés comme chez nous.

Je ne décrirai pas les diverses sortes de danses ; je dirai seulement quelques mots de celle des *a-nyehm-thama*, corps de ballet du roi de Birmanie. Ces danseuses qui exécutent leurs exercices au son de la harpe, de la flute ou d'une sorte d'harmonica, sont ordinairement vêtues avec un luxe inouï, coiffées de couronnes pyramidales, et portent des ailes aux talons.

Leur jupon est le *tamein*, pièce d'étoffe carrée que toute Birmane s'enroule autour du corps et qui s'ouvre lorsqu'elle marche. On comprend que tout mouvement un peu vif soit incompatible avec la décence et cependant, j'ai vu plus d'une fois ces diablesses de filles se renverser en arrière jusqu'à ce qu'elles puissent ramasser avec leurs lèvres sur la natte, les roupies que leur jettent des spectateurs enthousiastes. Yen-daw-mah-lay s'est fait, à la cour de Birmanie, une réputation qui s'est étendue jusque dans le pays soumis aux Anglais et il n'est pas de voyageur qui ne fasse en sorte d'assister aux exercices de cette danseuse incomparable.

Les Birmans sont également grands amateurs de régates. Celles-ci ont lieu en octobre, pendant la pleine lune, à Tha-deng-hyoot. Les concurrents ont soin de se préparer longtemps à l'avance par un entrainement des plus sérieux.

Aussi, le jour des courses, le fleuve est-il, dès l'aurore, bordé de bandes joyeuses et compactes. Les femmes et les enfants se font remarquer par leur exubérance de cris et de mouvements et leur acharnement à parier.

Longs de dix à douze mètres, les bateaux sont montés par un équipage de seize à vingt hommes qui, le torse nu, les cheveux noués sur le sommet de la tête, manient leurs pagaies avec une extrême habileté et atteignent une vitesse de huit à dix milles à l'heure avec le courant. Chacun de ces canots représente un des villages riverains, aussi, la lutte est-elle acharnée, car il s'agit de faire triompher sa petite localité. De là des reproches violents pour les vaincus et des louanges hyperboliques pour les vainqueurs.

La boxe est encore un amusement très en faveur, mais surtout chez les Karengs, et certains indigènes du Royaume-Uni auraient souvent lieu de se montrer jaloux de la force, de l'adresse et de l'endurance des Birmans. D'ailleurs la boxe en usage n'a que de lointains rapports avec celle adoptée en Angleterre ; c'est ainsi que les coups de pied et de genou sont permis.

Aussi les lutteurs ont-ils, autour des reins, une ceinture épaisse qui les protège contre certains coups toujours excessivement dangereux. Après un rapide échange de gourmades, les deux adversaires s'étreignent, se balancent, se soulèvent réciproquement de terre et cherchent à se renverser. Si les deux épaules de celui qui est le moins vigoureux touchent la terre, il est proclamé vaincu, mais il arrive parfois que les deux combattants mettent à la lutte un tel acharnement que les gardiens du *ring* sont obligés d'intervenir et de les séparer.

Ainsi que les Espagnols, les Birmans professent un véritable culte pour les combats de taureaux. Chaque village a son représentant qu'il a choisi avec soin dans ses troupeaux, qu'il a gardé nuit et jour et qu'il a, de longue date, familiarisé avec le bruit formidable des gongs.

Dans une vaste plaine, aux portes du village, des loges ont été dressées sur des estrades qui enclosent une enceinte carrée. Les animaux sont amenés aux deux extrémités du champ de course où un dais les attend. Une troupe d'individus qui portent la bannière du village les accompagne en chantant et en dansant jusqu'au milieu de l'arène. Les deux adversaires, guidés par leur cavalier au moyen d'une corde passée au travers des naseaux, ne tardent pas à se ruer l'un sur l'autre et à s'adresser de formidables coups de cornes jusqu'à ce que l'un des deux s'enfuie ou reste sur la place. Le rôle des cavaliers, qui consiste à exciter leur monture et à lui faire tenir tête à l'ennemi, est souvent dangereux, car ce ne sont pas toujours les taureaux qui reçoivent les coups de cornes. Mais ce n'est pas seulement en Birmanie que les choses se passent de la sorte et plus d'une fois nous avons vu des cochers échanger des coups de fouets... sur le dos de leurs bourgeois.

Enfin dans toute l'étendue de la contrée, les combats de coqs font fureur et donnent lieu à des paris quelquefois considérables, mais on ne voit que rarement chez les Talaing et jamais chez les Karengs un certain jeu de balle en honneur dans tout le reste du pays soumis aux Anglais. Figurez une balle creuse tressée en jonc, deux fois grosse comme une orange ; les joueurs, que ce soient des hommes ou des enfants, les uns aussi passionnés que les autres pour ce jeu, forment le cercle et se renvoient la balle avec la pointe du pied, le genou, le talon ou à poing fermé. Tels sont les principaux jeux en usage dans la Birmanie, les autres sont trop connus ou ressemblent trop aux nôtres pour que nous leur consacrions même un rapide résumé.

CHAPITRE VII

Ma nomination d'ingénieur attaché à la mission de Bankok. — Les populations limitrophes du royaume de Siam. — Rencontre d'un serpent python et d'une panthère noire. — Kambury, Phra-Pratom et Meklong. — Arrivée à Bankok. — Réception par le roi de Siam. — La ligne télégraphique de Tavoy à Bankok. — La ville de Bankok et sa pagode. — Un prêtre dans la saumure.

Il n'y avait pas plus de quinze jours que j'étais à Moulmein, lorsque je reçus ma nomination d'ingénieur interprète attaché à la mission topographique anglaise qui se rendait à Bankok. Ce fut avec un vif plaisir, on peut le croire, que j'appris cette destination. Mon désir toujours si vif de voir de nouveaux pays allait être satisfait et, cette fois, c'était une contrée entièrement sauvage, où jamais Européen n'avait mis le pied que j'allais parcourir.

Notre mission avait pour but de reconnaître la contrée afin de présenter au gouvernement siamois un plan pour l'établissement d'une ligne télégraphique allant de Bankok à Tavoy, les Siamois devant étudier le pays compris dans leurs frontières.

Pas de retard! Le 8 Décembre 1880 je reçois ma nomination, le 9 je quitte Moulmein, le 10 j'arrive à Tavoy et le 11 mon éléphant, après avoir traversé la rivière, prenait le chemin de Bankok.

De chemin, à vrai dire, il n'y en a pas; il faut s'en tailler un à travers les forêts et les jongles épaisses couvrant encore d'énormes territoires qui ne sont traversés que par d'étroits sentiers servant de communication d'un village à l'autre. Cette végétation puissante cache le relief du sol et, de haut, l'on n'aperçoit qu'une mer de verdure légèrement moutonneuse où disparaissent des vallées et des gorges, des rivières et des torrents, des marais ou des clairières, sans parler des collines et surtout des montagnes dont les plus élevées ont jusqu'à 2000 mètres d'altitude.

Du riz, un peu de maïs, des patates douces, des citrouilles, de mauvais melons, des bananes, du coton, du tabac et un peu de cannes à sucre, telles sont les productions de la contrée. La population, très-clairsemée, est composée de Birmans, de Talaing, de Shans, grands chasseurs de chevaux sauvages et de Karengs, ces derniers, les moins nombreux, se rencontrent dans les montagnes qui vont former la frontière entre le Siam et la Birmanie. Ces peuplades sont industrieuses, elles savent travailler le fer dont elles font des marmittes, des hachettes, des serpes, des ploches ou des couteaux. Elles fabriquent aussi une belle arbalête qui porte bien la flèche, des canots légers et gracieux taillés dans un seul tronc d'arbre, des pipes de terre décorées avec goût et mille petits ouvrages qui dénotent une singulière habileté de main; quant aux femmes, elles savent tisser de fines pièces de toile blanche ou noirâtre.

De place en place, on rencontre des villages entiers de teinturiers ; lorsqu'on en approche, la profession des habitants se décèle par la quantité de pièces de toile teintes d'indigo qui sont mises à sécher sur des cordes ou des lianes. Chacun de ces villages donne son nom aux pièces d'étoffe qu'il fabrique, si bien que la qualité n'en est plus désignée que par le nom du village même. On peut en dire autant des boites et coffres en laque que les Shans fabriquent en grande quantité; genre de travail dans lequel ils ont acquis une légitime réputation.

Les arbres de la forêt, coupés à deux ou trois mètres au dessus du sol, remplacent chez les montagnards Moïs les pilotis que les Birmans fichent en terre pour y établir le plancher de leurs habitations ; les Moïs qu'on retrouve aussi bien dans la Birmanie que dans le Siam, la Cochinchine et l'Annam appartiennent à une même race qui s'est refugiée dans les contrées montagneuses et dans tous ces pays est désignée sous le même nom; ce sont vraisemblablement des *negritos*.

A Metta, au bout de deux jours de route, nous faisons une halte d'une journée pour attendre nos collègues les ingénieurs Siamois, mais, comme sœur Anne, nous ne voyons rien venir et………. nous reprenons notre route.

Il y avait cinq jours que nous marchions lorsque nous pénétrâmes dans une partie de la forêt extrêmement épaisse, presque inextricable, pour arriver à la passe de Nat-yay-doung. Le col est si étroit que nos éléphants ont peine à se frayer un passage. Ces forêts de tek et de bambou sont le repaire habituel de quantité de bêtes malfaisantes ou féroces qu'on n'aime guère à rencontrer sur son chemin : tigres, panthères ours et serpents.

Nous mettons huit jours pour atteindre le premier village siamois important. C'est pendant cette partie du voyage que le directeur des télégraphes de la Birmanie blessa un superbe serpent python, si gros qu'il le prenait tout d'abord pour un tronc d'arbre et qui n'avait pas moins de trente pieds de long. Au bruit que faisait le python en se sauvant au travers des jongles, l'éléphant du chasseur eut une si belle frayeur qu'il s'enfuit à plus d'un kilomètre et nous eûmes toutes les peines du monde à le ramener en lui faisant faire un long détour.

Les naturels sont très-friands de la chair du python mais j'avoue, au risque de perdre ma réputation de gastronome, que je n'y ai jamais gouté.

La nuit suivante, ce fût à mon tour de faire preuve d'adresse. Depuis deux jours, une panthère noire nous suivait à la piste ; je résolus de nous débarrasser de ce voisinage incommode et dangereux. On me construisit avec de forts bambous une sorte de belvédère du haut duquel je pouvais surveiller les abords du camp.

On avait eu soin d'attacher solidement à un arbre un jeune chien destiné à servir d'appât. Depuis une heure et demie j'étais à mon poste, et en raison de l'immobilité forcée que je gardais aussi bien que de l'engourdissement qui résultait pour moi des fatigues de la journée. j'allais succomber au sommeil, lorsque la panthère sortit brusquement du fourré, toute prête à s'élancer sur la victime tremblante qu'on semblait lui offrir. Au mouvement que je fis, l'animal dressa la tête et dirigea de mon côté ses yeux de feu. J'en profitai aussitôt pour tirer et ma balle conique lui pénétrant dans le haut du museau, lui fracassa le crâne. C'était un beau coup et mes conpagnons ne me marchandèrent pas les compliments.

Deux jours plus tard, nous rejoignions le Thoung-Kala affluent du Meklong que nous suivons un certain temps sans rencontrer que des habitations isolées ou de misérables hameaux.

C'est le 20 décembre seulement que nous arrivons en vue d'un village siamois de quelque importance. Nous y passons la journée du lendemain et nous reprenons notre course à travers des forêts de sapan jusqu'à Kambury, sur le Tachin, affluent du Meinam, à trente milles de Bankok. De Kambury, nous gagnons ensuite Phra-Pratom, grande ville où se tient la foire la plus importante du royaume et où l'on remarque une pagode qui passe pour être la plus grande de tout le royaume de Siam. Cet édifice élevé sur une série de terrasses et de plateaux embrasse un area de près de 11.000 mètres de terrains enclos et plantés de jardins; au centre s'élève la pagode dont le pinacle se dresse à 116 mètres au dessus de la mer.

De Phra-Pratom, où nous avons séjourné une journée entière, nous nous rendons à Meklong port très-commerçant qui entretient des relations suivies avec Ytiang, Tsomphong et Singapour.

Après Bankok, Meklong est le port le plus considérable de Siam et il exporte principalement du riz; aussi ne faut-il pas s'étonner d'y voir, à côté de jonques chinoises et siamoises, des bâtiments originaires d'Europe ou des principales colonies d'Orient.

C'est à Meklong que nous nous embarquons sur une canonnière que le roi avait mise à notre service et qui, en vingt-quatre heures, nous fait passer devant Paknam, à l'embouchure de la rivière, cronstadt du Siam et nous dépose sur le quai de Bankok, la Venise orientale.

Dès le lendemain de notre arrivée nous fûmes reçus par le roi de Siam alors agé de vingt-huit ans et qui était sur le trône depuis 1868. Nous pénétrâmes dans le palais entre deux haies de soldats qui avaient assez bon air et ne manœuvraient pas trop mal. L'assemblée était nombreuse; la plupart des courtisans et des fonctionnaires étaient vêtus de costumes extrêmement riches, chargés d'or et de diamants; quelques uns, bardés de décorations européennes.

Quant au jeune roi, debout sur une estrade élevée

de trois marches, assisté de ses deux enfants qui pouvaient avoir de quatre à six ans, il portait une robe de soie jaune sur laquelle étaient brodés, au milieu de l'or et des pierres fines, des dragons et des fleurs. Pour coiffure il avait une sorte de chapeau pointu, tout doré, également orné de pierres précieuses.

Nous fûmes présentés par le résident anglais. Lorsque le roi apprit ma nationalité, il me fit un accueil particulièrement aimable, il me prit les mains et me dit en français tout en me montrant son fils : « J'amènerai mon fils à Paris pour qu'il y fasse son éducation. » Je répondis à cette gracieuseté par quelques phrases de circonstance qui mirent fin à notre réception.

Le soir il y eut, en notre honneur, grand dîner, réception, spectacle varié, danse de marionnettes avec accompagnement d'une musique peu différente de celle à laquelle nous avions fini par nous habituer en Birmanie, mais qui s'en distingue cependant par un usage abusif des gongs. La soirée se termina par un feu d'artifice sur le Meinam dont toutes les maisons flottantes, éclairées par les lueurs multicolores des feux de Bengale, produisaient l'effet le plus pittoresque et le plus inattendu. On aurait cru le paysage éclairé par d'immenses bocaux de pharmacien, et cette impression, pour le moins bizarre, eut instantanément le don de me rappeler Paris et l'aspect mouvementé de ses rues le soir.

Par une délicate attention, durant tout notre séjour dans sa capitale, le roi de Siam nous fit apporter toute sorte de plats et de mets, tels que paons et faisans rotis, gâteaux et patisseries accomodés au palais par son cuisinier français. Parfums bien aimés de la cuisine nationale ! il n'en faut pas davantage pour vous rappeler le souvenir de la patrie et vous transporter en pensée dans quelque chambre bien close, où brode, en rêvant au coin de la cheminée, une vieille femme qui se désole en songeant aux dangers dont son fils est peut-être entouré !

Le lendemain et les jours suivants nous entrâmes en rapport avec le ministre et les ingénieurs qui avaient reçu la mission d'étudier le tracé que nous avions adopté pour la ligne télégraphique de Tavoy à Bankok. Mais, par une singularité merveilleuse, bien qu'ils n'eussent aucune carte sérieuse de l'intérieur du royaume de Siam, bien qu'ils n'eussent fait aucune étude, si légère fut-elle, de la question, ils ne voulurent pas entendre parler de la passe Nat-yay-doung. Ils déclarèrent formellement vouloir que la ligne passât par le col d'Amya, bien que cette route soit dangereuse et qu'on ne rencontre dans cette direction que des forêts inhabitées et plusieurs chaines de montagnes qu'il faudra franchir. Mais d'ailleurs c'étaient là pour eux des détails insignifiants et sans aucune importance.

Nous n'eûmes aucun rapport avec le second roi qu'on disait très affable et qui vient de mourir tout récemment dans un âge assez avancé.

Quant à la reine, nous ne fîmes que l'apercevoir. adorablement jolie, elle paraissait jouir à Bankok d'une extrême popularité; elle s'est noyée peu de temps après notre séjour à Bankok dans le Meinam avec le jeune prince que le roi nous avait annoncé vouloir amener en France. Cet événement, a parait-il, causé au roi un profond chagrin. Il n'a pu témoigner à la morte toute son affection qu'en lui faisant de somptueuses funérailles qui durèrent trois jours et dont le souvenir se conservera longtemps non-seulement chez les habitants de Bankok, mais aussi chez tous les Siamois, car la foule accourue des provinces pour assister à ces funérailles fut véritablement prodigieuse.

Bankok possède une nombreuse population européenne de colons, de planteurs et de commerçants, aussi y voit-on quantité de maisons européennes, de comptoirs, de banques, d'hotels avec une église catholique située sur une hauteur et une chapelle protestante. Mais le monument le plus curieux de la ville est la pagode où l'on remarque une statue de Bouddha faite d'une émeraude de 0.63 de haut sur 0.32 d'épaisseur. Cette émeraude, en admettant que ce ne soit pas tout bonnement du verre coloré, n'aurait pas de prix, car on ne connait pas sa pareille. Elle aurait fait partie du butin ramassé par les Siamois pendant la dernière guerre qu'ils ont eue avec les Birmans. On voit encore dans ce temple deux reliefs en or de Bouddha de grandeur naturelle, décorés de diamants gros comme des œufs de pigeons, de pierres précieuses ainsi qu'une série de fresques bien curieuses. Nous faisons les mêmes réserves au sujet de ces statues qui auraient une valeur cossale, si elles etaient en or massif.

On sait que l'habitude qu'ont les habitants de jeter

dans la rivière tous leurs immondices et les détritus de toute sorte, engendrent périodiquement, avec les vases qui découvrent à marée basse, des fièvres et des maladies épidémiques extrêmement graves. Tandis que nous étions à Bankok y sévissaient simultanément le choléra, la petite vérole et la fièvre typhoïde. Nous mêmes n'étions guère bien portants, plusieurs souffraient encore de la fièvre des jongles. Comme nous n'avions pu nous entendre avec les ingénieurs siamois et que rien ne nous retenait plus dans la ville, nous ne tenions guère à demeurer plus longtemps dans ce foyer d'infection. Nous prîmes donc congé du roi le 5 Janvier 1881 et nous acceptâmes l'offre qu'il nous fit de gagner Singapour sur la canonnière siamoise le *Régent*, qui était en partance.

Nous fumes témoins, ce jour là, d'une cérémonie trop singulière pour que je n'en dise pas quelques mots. Il y avait juste un an que le grand prêtre de la pagode royale était mort. On avait conservé le cadavre dans du sel nous dit-on, et la crémation allait se faire l'après-midi dans une grande plaine, sur les bords du Meinam.

La cérémonie devait être imposante, aussi le bruit s'en était-il au loin répandu dans la campagne. Depuis des semaines, les préparatifs occupaient un grand nombre d'ouvriers travaillant à débiter et à sculpter les bois de tek qui devaient décorer le bûcher. Figurez vous une sorte d'arc de triomphe orné de sculptures très-soigneusement ouvragées ; c'est en haut de ce monument que doit avoir lieu la crémation.

Des drapeaux, des bannières, des flammes de toute couleur flottent autour de cette construction gigantesque.

Une sorte de châsse dans laquelle le grand prêtre baignait depuis un an, mariné dans la saumure, est suspendue à une grande hauteur par des cordages frappés sur des mats énormes.

Depuis le matin, on tire le canon. Non seulement tout Bankok est là avec ses 500.000 habitants, mais toutes les villes, tous les villages des environs ont envoyé de nombreux représentants à la cérémonie.

Spectacle pittoresque que cette foule bigarrée avec ses vêtement de soie et de satin aux vives couleurs entre lesquels se remarquent les robes jaunes des membres des congrégations religieuses et les hautes coiffures des prêtre aux robes frangées d'or! Depuis la veille elles sont, toutes ces familles, campées dans la plaine ou stationnées sur le fleuve en une suite intermitable et variée d'embarcations, depuis la grande et riche jonque siamoise, jusqu'à l'humble barque du pêcheur.

Enfin le signal est donné! Un grand cri, une longue acclamation s'élève de cette foule immense. Le feu est mis au bûcher arrosé d'huile et de résine et la flamme lèche bientôt ces admirables sculptures qui ne doivent vivre qu'un jour. Semblable au roulement lointain du tonnerre, une sourde rumeur surgit au moment où s'embrase l'arc de triomphe, où s'élèvent jusqu'au ciel de longues langues de feu qui se tordent sous la brise. Puis une immense acclamation s'échappe de toutes les poitrines lorsqu'on lâche les amarres qui retiennent la châsse, lorsque celle-ci s'abîme avec ses drapeaux et ses guirlandes au milieu de ce prodigieux incendie.

Toute cérémonie doit se terminer au bruit des salves et des détonations de l'artillerie, c'est une règle à laquelle on ne manque jamais à Siam. Enfin, après une certaine hésitation, la foule en colonnes serrées et compactes commence à s'écouler et je rentre au au logis pour mettre ordre à mes affaires et boucler ma valise.

CHAPITRE VIII

En route pour Tavoy. — Les pirates à bord. — Merguy. — La ville et les monuments de Tavoy. — Le choléra et sa guérison. — Les travaux de la ligne télégraphique de Moulmein à Tavoy. — La fièvre des jongles. — Combat d'un buffle et d'un tigre. — Chasse au léopard.

De Bankok, la canonnière le *Régent* mit six jours pour gagner Singapour. Au moment où nous jetions l'ancre, un vapeur anglais qui venait de Hongkong entrait à son tour. C'était vraiment miracle que ce bâtiment eût échappé au triste sort qui l'attendait.

Traqués et poursuivis dans la mer de Chine, comme dans le golfe de Siam et sur les côtes du Tonkin, par les marines de la France et de l'Angleterre, les pirates chinois avaient, cette fois, tenté un coup d'audace qui sort de leurs habitudes. Ils avaient pris passage sur le *Bowen* comme d'honnêtes négociants, ayant soin d'embarquer avec eux les armes et les munitions nécessaires pour se rendre par surprise, maîtres du navire et de la riche cargaison qu'il portait. Par une chance inespérée, alors qu'ils prenaient leurs dernières dispositions, leur conversation fut surprise par un homme de l'équipage. Il en rend compte aussitôt au capitaine qui, sans bruit, fait prendre les armes à ses matelots et vingt-six de ces *honorables gentlemen* sont saisis et jetés à fond de cale, les fers aux pieds et aux mains, avant de se reconnaître.

En arrivant à Singapour, le commandant du *Bowen* s'empressa de céder aux autorités, et *pour le prix coûtant*, cette cargaison dangereuse, en partie composée d'habitués des bagnes et de repris de justice. On leur fournit le même jour dans la prison un logement et des travaux afin de leur permettre de réparer le temps qu'ils avaient perdu à courir les mers.

Malacca et Penang où nous ne faisons que nous arrêter pour le courrier et nous voila rentrés en Birmanie, lorsque nous touchons à Mergui. Avant d'arriver au port, il nous faut passer devant les nombreuses îles montagneuses, connues sous le nom d'archipel Mergui, demeure de ces Seelungs dont nous avons parlé plus haut. Que ce soient des roches nues et déchirées, des montagnes couvertes jusqu'à leur sommet d'une épaisse végétation, qu'elles aient été comme Kissering autrefois cultivées, ou qu'elles ne soient que le repaire de hordes sauvages et craintives, les îles Mergui avec leurs grottes, leurs caps, leurs promontoires, leurs falaises, leurs cascades, leurs précipices, sont éminemment pittoresques et d'une beauté fantastique.

6

Nous n'avons ni le temps ni la facilité de les visiter en détail et nous devons nous contenter d'un rapide coup d'œil.

Le district de Mergui a été exploré en 1855 par le docteur Oldham du *Geological survey* de l'Inde qui a trouvé des lits de charbon en un grand nombre de localités, mais celui-ci n'est pas partout exploitable, en raison de sa mauvaise qualité. On a également reconnu des sources thermales et trouvé de l'or, du cuivre, du zinc, du fer et du manganèse en divers endroits du Tenasserim, ce qui fait de cette contrée l'une des plus riches de la Birmanie. Mergui qui est située sur la rive occidentale de l'île du même nom, au pied d'une petite colline sur laquelle se pressent le tribunal et la trésorerie, est la ville de la Birmanie où l'on rencontre le plus de Chinois. Le commerce qui se fait principalement avec les Établissements du détroit et les deux villes birmanes de Rangoon et de Basséin, se compose au point de vue de l'exportation de noix d'arec, d'étain, de sésame, de nids d'hirondelles pour Singapour et Panang, de riz que l'on échange dans l'archipel Nicobar contre des noix de bétel et des écailles de tortue. En 1876-77 les exportations avaient monté à 443.076 roupies et les importations à 490.573 roupies.

Le 17 Janvier 1881, soit un mois après notre départ, nous rentrions à Tavoy. Le moment semblait mal choisi, car le choléra y faisait en ce moment nombre de victimes. Parmi les mesures prophylactiques employées, il n'en était pas de plus efficace, au dire des indigènes, que l'embrasement d'énormes buchers afin de purifier l'air, tandis que, dans les villages, on se relayait pour battre la grosse caisse et faire le plus de tapage possible, même devant la maison des malades, afin de chasser les mauvais esprits.

Situé sur la rive gauche de la rivière qui porte son nom, Tavoy qui n'est qu'à sept ou huit milles de la mer en droite ligne, ne peut apercevoir celle-ci, cachée qu'elle est par une ligne de collines. C'est une ville malsaine et qui pendant la saison des pluies est en partie inondée, mais aussi le sol bas et humide de la vallée convient-il admirablement à ces immenses plantations de riz qui forment aux environs, un tapis vert merveilleux.

Avec ses trois larges avenues coupées à angle droit par des rues transversales, avec ses jardins fruitiers au milieu desquels se cachent ses maisons, avec son square, dernier vertige du fort qui renfermait les baraques de la garnison, Tavoy est une ville de province assez agréable mais sans grand mouvement commercial. Aussi la population est-elle relativement peu nombreuse et pauvre. Le port n'étant pas d'un accès facile, les communications avec l'intérieur faisant défaut, n'ayant guère que du riz a exporter, Tavoy n'a jamais eu et n'aura jamais une grande prospérité.

Je venais à peine de rentrer dans cette ville, lorsque je reçus l'ordre de commencer les travaux de la ligne télégraphique qui doit la relier à Moulmein. Ce fut sans regret que je quittai Tavoy d'où la joie et le plaisir semblaient à jamais bannis par le terrible fléau qui avait déjà fait tant de victimes.

Avec nous partaient deux cents ouvriers et sept éléphants porteurs du matériel de campement et des provisions; ils devaient servir à débarrasser des arbres abattus, la route que nous allions ouvrir. En même temps que nous une brigade de travailleurs avait quitté Moulmein et s'avançait à notre rencontre.

Les premiers temps de notre séjour dans la jongle furent agrémentés de quelques incidents émouvants.

Tout d'abord, c'est un Birman qui ne se retire pas assez vite et reçoit sur la tête un arbre qu'on abat; un autre jour, c'est un de ses compagnons qui s'écarte et devient la proie d'un tigre. Accident si fréquent qu'on n'y fait plus attention et que le gouvernement ne donne pas un anna d'indemnité à la famille des victimes.

Si nombreux sont les tigres que nos hommes ont placé sur un de nos éléphants une cage de bambou dans laquelle ils attachent, le soir, en guise d'appât, un malheureux roquet. A peine le tigre a-t-il pénétré dans la cage, qu'une trappe s'abat et qu'il est pris dans la souricière. Deux de ces fauves furent capturés en quelques jours, mais une fois la mèche éventée, leurs congénères ne s'y laissèrent plus attraper.

Tous les jours ces animaux devenaient plus hardis et rôdaient continuellement autour de nous. Tantôt, nos ouvriers en se rendant à leur ouvrage, aperçoivent un tigre couché au milieu de la coupe que nous avions faite dans les bois, et il faut tirer dessus pour l'en déloger, tantôt c'est un fauve d'une autre espèce qui traverse la plaine devant nous, sans se presser, comme s'il avait pour les Européens le plus profond mépris.

A la fin de janvier, l'ingénieur anglais qui avait la direction de notre colonne alla inspecter les travaux dans la forêt. En arrivant au chantier, il descendit de la jument qu'il montait et jeta à son groom les rênes de l'animal. Quelques minutes s'étaient à peine écoulées qu'il voyait son groom accourir suivi d'un petit poulain qui avait accompagné sa mère. Sans que rien pût faire soupçonner sa présence, un tigre avait sauté sur la pauvre jument, lui avait cassé les reins et l'avait emportée dans la jongle.

Nous saisissons nos *rifles* et nous suivons les traces sanglantes. A cinq cents mètres plus loin, nous apercevons un groupe hideux. Le tigre avait, en fuyant, engagé la tête de la jument entre deux bambous et, tout occupé de sa proie, il ne se dérangea qu'au moment où nous étions à bonne portée. L'éléphant de mon compagnon, charge le tigre, celui-ci fait un mouvement, me présente le flanc et je lui loge une balle en pleine poitrine. Il allait s'élancer, malgré cette grave blessure, lorsque l'ingénieur tire à son tour et la superbe bête vient rouler aux pieds de mon éléphant qui l'achève à coups de trompe.

Il est bon de donner ici quelques détails sur les travaux que nous exécutons, car la manière de procéder varie avec la nature de la contrée qu'on doit traverser.

A travers un pays de plaines entrecoupées de collines, partout revêtues d'une épaise végétation, où l'on

6.

ne rencontre que de misérables et rares villages, nous établissons une route de quarante pieds de large, route que pourront parcourir les charrettes à bœufs et le long de laquelle court notre ligne télégraphique que nous tenons autant que possible dans le voisinage immédiat de la mer.

Il ne nous est guère facile de nous procurer des vivres frais en raison de la rareté des centres de population, puis les Birmans élèvent fort peu de volailles et leur fidélité à ce commandement : tu ne tueras pas, les empêcherait d'ailleurs de les céder à n'importe quel prix. Nous devons donc nous contenter du gibier que nous abattons, cerfs aboyeurs ou pigeons ramiers, de quelques coquillages et du poisson que nous pouvons nous procurer au bord de la mer ou du miel que nous récoltons dans les bois. C'est dans ces circonstances qu'on apprécie les découvertes de la chimie et de la cuisine moderne! Les boites de viande conservée font merveille; avec le riz que nous avons en abondance, le thé et le café, la vie est supportable et nous n'avons rien perdu de notre vieille gaieté française.

La nuit, une garde de quatre hommes commandés par un caporal de la police indigène veille à l'entretien des feux destinés à tenir les fauves à l'écart et à renouveler l'air; car, du sol de ces terres vierges se dégagent des exhalaisons malsaines et miasmatiques.

J'aurais eu vraiment trop de chance, si j'avais échappé à la fièvre des jongles, car, autour de moi tout le monde, même les Birmans et les Indous, en souffrait terriblement. A la suite de vomissements qui durent plusieurs jours, on reste anéanti brisé, sans volonté, sans force et sans ressort. et l'on a peine à se remettre de cette fièvre qui vous dérange l'estomac et ne cède qu'au traitement le plus énergique et à des doses effrayantes de quinine.

A la fin du mois de mai 1881, après avoir ouvert et construit la route à travers la forêt, planté les poteaux et tendu le fil télégraphique sur une longueur de quarante milles dans la direction de Moulmein, nous regagnions notre point de départ.

Mais cette période de travaux incessants avait été, à plusieurs reprises, troublée par des incidents du même genre que ceux dont nous avons parlé plus haut.

Le 15 mars, nos hommes, pour se rendre au chantier, traversaient une grande plaine lorsqu'ils aperçurent fuyant au loin devant eux un troupeau d'au moins deux à trois cents buffles. Curieux de connaître la cause de cet effroi, ils s'avancent un peu et, après avoir dépassé un épais taillis qui les avait jusqu'alors dérobés à leur vue, ils aperçoivent un gros buffle qui se défendait contre un tigre.

Le résultat de leur découverte n'a pas lieu de me rassurer sur la valeur de mes Birmans. Frappés soudain d'épouvante, ils s'enfuirent sans écouter mes cris et mes reproches.

Je sais au moins qu'en cas de danger je n'aurai pas à compter sur eux, c'est déjà quelque chose.

Je demeure donc seul spectateur du combat.

Le buffle se défendait de son mieux, mais évidemment il allait avoir le dessous. Le tigre l'avait tour à tour saisi à l'échine, puis à la gorge et tous deux avaient roulé dans la poussière. D'un vigoureux effort le ruminant s'était dégagé et présentait ses cornes redoutables à l'ennemi ; mais celui-ci, d'un bond prodigieux était retombé sur le dos du pauvre buffle avec lequel il avait de nouveau roulé à terre. Ce dernier allait être écharpé, lorsqu'une diversion vint le sauver provisoirement. Nos éléphants débouchaient dans la plaine. A cette vue le tigre abandonne sa proie et se réfugie en boitant dans le jungle tandisque le buffle se sauve d'un autre côté.

Notre journée de travail finie, nous rentrons au camp. Là nous apprenons que le buffle blessé appartient à l'un des habitants du village devant lequel nous campons. On dépeçait en ce moment l'animal incapable de survivre à ses blessures. Ce fut pour tout le monde, une bonne aubaine, le tigre qui y comptait, fut le seul à n'en pas profiter.

Quelques officiers anglais s'adonnent bien à la chasse des fauves, mais elle est si dangereuse que le nombre des amateurs de ce sport est trop restrinct, malgré la prime de vingt roupies fixée par le gouvernement, pour que le nombre des *habits rayés* diminue sensiblement. Une semaine plus tard, on nous apprit qu'un bœuf venait d'être dévoré par un léopard à trois milles du camp. Allions-nous donc, tous les jours, être en butte aux attaques de ces voisins incommodes? Notre parti fut bientôt pris, les éléphants furent harnachés et nous nous mîmes en chasse.

Au bout d'une heure, la détonation d'une carabine, dans mon voisinage, m'apprend que nous sommes arrivés en vue de l'ennemi.

Nous nous trouvions alors dans une grande plaine couverte de hautes herbes que coupaient, de place en place, d'épais taillis, des buissons et des grands arbres, ce qui fournissait à l'animal, la facilité de se dérober à nos coups et de tomber à l'improviste sur nos éléphants. Ceux-ci n'étaient rien moins que rassurés et l'on avait peine à les diriger.

Le léopard était tapi dans un fourré entre moi et la ligne des chasseurs. Mon éléphant, durant l'évolution que je lui fis exécuter pour gagner ma place de combat, éventa le fauve et poussa des cris aigus qui rappelaient le son de la trompette, gronda et se démena si bien que j'avais toutes les peines du monde à me maintenir sur mon siège, accroché que j'étais, d'une main, aux cordelettes tandis que de l'autre, je tenais ma carabine.

Mes compagnons n'étaient pas en meilleure position. Enfin, tous ensemble, nous chargeons sur le fourré et, à la vue des huit éléphants qui s'avancent sur lui excités par les cris des cornacs, l'animal se sauve et gagne un autre buisson. M. W. et moi nous tirons, mais sans résultat.

De nouveau, nos éléphants se précipitent, mais le chemin est barré par une sorte de fossé encombré de jungles et d'arbustes, la ligne se rompt et nous arrivons, les uns après les autres, devant l'inextricable fouillis d'épines et d'herbes hautes de six pieds au milieu desquelles le félin s'est réfugié et qui le dérobent à nos coups.

C'est à notre tour, maintenant, d'être attaqués.

A chaque éléphant qui s'avance, le léopard bondit, et d'un vigoureux coup de griffe cherche à entamer son cuir épais ou à saisir le chasseur. Au milieu des sauts et des écarts de l'éléphant, il n'est pas facile, pour celui qui n'est pas habitué à cette haute école, de garder assez d'assiette pour tirer à coup sur.

D'ailleurs, le fauve, bondit à droite, à gauche, rentre dans sa tanière, s'élance à l'improviste. Il applique entre les deux yeux de mon éléphant un si vigoureux coup de patte que celui-ci en est tout désorienté.

Il faut faire quitter au léopard l'excellent abri qui le dérobe à nos coups. Les rabatteurs se mettent en ligne, poussent leurs cris aigus auxquels répondent les grondements des éléphants. L'animal n'est pas effrayé, il se précipite sur nous, rompt encore une fois notre ligne et, bientôt après, nous l'apercevons cramponné sur la croupe d'un éléphant dont le cornac a une peine infinie, à lui faire lâcher prise. Enfin, au moment où j'aperçois l'animal par le côté, ma monture se tient assez tranquille pour que je puisse tirer. L'ai-je touché ? l'ai-je manqué ? Le coup paraît douteux car l'animal est resté debout. Je rechargeais mon fusil lorsque l'animal s'affaisa. Il était mort. Nous le mesurâmes par curiosité, car jamais nous n'avions vu léopard de cette taille, du bout du nez à l'extrémité de la queue; il ne comptait pas moins de sept pieds neuf pouces.

CHAPITRE IX

Une chasse au tigre. — Ce n'est pas l'heure de rêver. — Bredouilles. — Mort d'un officier anglais. — Chassé par un buffle. — Poursuite. — Un chapeau sauveur. — Emotion. — Tout est bien qui finit bien. — Le prix du buffle qui m'a chassé. — La chasse à la tire et les canards de l'Irraouaddy. — Battue dans la forêt de Baochong. — — Mort d'un mangeur d'hommes.

Au reste, tigres ou léopards, nous ne cessions d'avoir des rapports désagréables avec la gent féline. Le 27 mars au matin, on nous apprend qu'un de nos ouvriers birmans vient d'être dévoré par un tigre à l'extrémité de la forêt de Baochong. Nous saisissons aussitôt nos armes et, par une route de charrette abandonnée, nous nous dirigeons vers le lieu où le malheur est arrivé.

A la jungle épaisse succède une plaine herbeuse, puis, la forêt reprend, mais pour s'éclaircir un peu plus loin et se diviser en un certain nombre de bras dont ceux de l'est nous paraissent plus propices pour la chasse.

Toute la contrée était silencieuse et inhabitée, seuls de beaux champs rectangulaires, abandonnés à cause du voisinage trop dangereux des tigres, dénotent la présence de l'homme. Assurément, il y aurait péril de mort à s'aventurer dans ces localités sans être monté sur un éléphant.

C'est à moi qu'est confiée la conduite des rabatteurs. Nos hommes ne tardent pas à découvrir les restes d'une vache fraîchement tuée. Nous tenons un bout de la piste, à nous maintenant de la suivre !

Nous continuons donc de battre les buissons jusqu'aux rives du Baochong. Là, nous faisons halte, je me porte à environ un mille de distance dans le nord, je m'installe avec mon éléphant à l'ombre d'un buisson de bambous et j'attends.

Quel silence effrayant ! Quelle chaleur étouffante ! L'horizon est brutalement déchiqueté par les dentelures des hautes herbes ! Pas un être humain en vue ! Suis-je donc seul dans ce coin de forêt qui va retentir tout à l'heure des rugissements des fauves, des cris éclatants des éléphants, des détonations des armes à feu ? Mais, je n'ai pas le temps de rêver, un coup de feu éclate, je sais que la chasse se dirige de mon côté ; comment vais-je empêcher M. *Stripes* (1) de gagner la forêt où il nous échapperait sans doute.

Le bruit des éléphants dans la jungle se rapproche, un grand tigre, superbe d'allure et reluisant au soleil, saute d'un bond en terrain découvert, puis, m'apercevant, il file sous bois où je le tire chaque fois que je le puis apercevoir.

La poursuite se continue sans que l'animal fasse tête et sans que je le puisse blesser. Nous jouons une partie dont notre vie à Stripes ou à moi-même est l'enjeu. Il gagne la première manche en réussissant à atteindre la partie de la forêt dont je cherchais à lui interdire l'accès, je gagne la seconde en remontant

---

Stripes veut dire rayurés en anglais, et c'est le nom familièrement donné au tigre.

avec mon éléphant, de deux cents mètres au dessus de lui.

Le tigre aurait pu nous échapper en se dérobant au milieu des buissons, mais il s'arrête pour reprendre haleine et cet arrêt si court permet à plusieurs chasseurs de me rejoindre.

Cependant, la ligne est rompue, le tigre en profite, et nous sommes en défaut.

Pour moi, persuadé que le fauve s'est dirigé vers le nord, je pique dans cette direction, faisant lever devant moi, sur le bord de la jungle, une compagnie de paons dont le plumage éclatant ne parvient pas à me distraire. Je suis bientôt forcé de revenir sur mes pas et, tous ensemble, nous suivons la lisière de la forêt.

Au moment où part devant nous une nouvelle compagnie de paons, le cri : « Tigre à l'ouest » est poussé par les cornacs. Nous repartons en chasse. M. Walker prend aussitôt la tête de la ligne et va se poster à 200 mètres de la forêt, à l'entrée d'une gorge embarrassée de jungles, par où Stripes essaiera, sans doute, de se jeter sous bois.

Je trouve la position excellente, mais je me porte un peu plus bas, à la jonction de deux coulées qui se croisent à angle droit. Pendant ce temps les autres éléphants battaient la plaine. Je n'ai pas longtemps à attendre, le tigre pénètre dans la coulée et, lorsqu'il n'est plus qu'à une quarantaine de mètres, je mets en joue et je tire. Un rugissement prolongé suit immédiatement la détonation de mon *rifle*. Le tigre fait un crochet, se jette sous bois et passe à dix mètres devant moi pour enfiler la coulée à l'extrémité de laquelle M. Walker était en faction. Je le saluai au passage d'une seconde décharge, et M. Walker en fit autant. Néamoins il parvient à gagner la forêt où nous le perdons de vue. Nous eûmes beau battre en cercle une partie du bois, nous ne pûmes revoir notre blessé et nous rentrâmes au camp rompus de fatigue.

A cette époque, une battue fut organisée par quelques officiers de la garnison de Rangoon dans la partie du district de Tavoy où nous faisions nos travaux. Elle se termina malheureusement par la mort de l'un des chasseurs. C'était un officier que son faste et son élégance avaient depuis longtemps désigné comme l'un des modèles à suivre par tous les amateurs de *high life*.

Ce capitaine, qui, dès son arrivée, avait voulu assister à nos chasses dans la forêt de Baochong, était monté sur un éléphant sans *howdah* ou siège en forme de berceau. Le tigre, par des bonds inattendus sut éviter la moindre blessure et, par une habile manœuvre, il prit le chasseur en flanc et sauta sur la croupe de son éléphant. Un de ces animaux placé à côté de celui du capitaine prit peur et emporta son cavalier à plus de deux kilomètres de la scène, sans que celui-ci parvint à l'arrêter.

Quant à l'éléphant du capitaine, ployant sous la charge, tremblant de peur, il se dresse sur ses jambes de derrière et fait ainsi, tout naturellement, glisser son cavalier entre les griffres du tigre. Chasseur et chassé roulèrent ensemble à terre; en quelques coups de sa terrible mâchoire, le tigre eut bientôt mis le capitaine hors de combat. Les jambes et les cuisses broyées, le pauvre officier gisait à terre et l'on ne s'expliquait pas comment le fauve ne l'avait pas achevé sur place.

Avec des branchages, un brancard fut bientôt fabriqué et nos hommes emportèrent le blessé jusqu'à sa tente où le chirurgien dut lui faire, le lendemain, l'amputation de la cuisse droite. Nous le veillâmes tour à tour deux jours et deux nuits, mais nous ne pûmes l'arracher à la mort. Ce triste événement mit fin à nos grandes chasses et chacun reprit tout attristé le cours de ses travaux alors qu'on s'y était mis avec tant d'entrain et de gaieté.

Parmi mes aventures de chasse en Birmanie, il en est encore quelques unes qui méritent d'être rapportées, l'une, entre autres, où je figurai comme gibier.

Un dimanche matin, à quatre heures, le sommeil m'ayant dit un adieu définitif, je pris le parti de me lever malgré la longueur démesurée de la journée que j'avais en perspective. Je ne déjeunais qu'à midi, que diable pourrais-je faire pour occuper les huit heures qui me séparaient de cette halte importante de la journée? Chasser? j'en suis las. Je ne me sens pas d'humeur à dessiner; je suis nerveux, j'ai besoin de prendre un peu l'air du bois.

J'appelle un serviteur à qui je fais emporter un parasol pour le cas où la chaleur du soleil deviendrait par trop gênante et je pars, mon fusil sur l'épaule. Expédition peu fructueuse, en somme! A peine si j'ai l'occasion de tirer deux ou trois coups de fusil, de quoi dire seulement que je ne rentre pas bredouille, puis, après avoir battu les buissons pendant deux heures, je reprends le chemin de ma tente.

Je venais de pénétrer dans une plaine assez vaste où j'avais aperçu dans le lointain plusieurs buffles qui paissaient, lorsque tout à coup un magnifique taureau m'ayant découvert s'élança à ma rencontre écumant de fureur.

Moins gros que nos taureaux d'Europe, ceux de la Birmanie sont plus agiles, plus farouches, et la vue de l'Européen a tout particulièrement le don de les exciter. Je savais que ceux qui se hasardent à les combattre ne s'en tirent pas toujours sans blessure, aussi ne fut-ce pas sans une certaine émotion, je l'avoue, que je vis mon ennemi me courir sus, tête baissée. Je me devais cependant à moi-même de ne pas reculer, je fis donc bonne contenance.

A loisir, j'ajustai l'animal et, quand il fut à bonne portée, je lui déchargeai celui des canons de mon fusil qui était chargé à balle. Atteint à l'épaule, le taureau fléchit et s'arrêta brusquement, comme pétrifié.

Me retournant à demi, je cherchai le Birman chargé de mon parasol et de mon second fusil, il avait si rapidement pris la fuite qu'il était déjà hors de vue.

A peine si j'avais eu le temps de me retourner que le buffle, déjà remis de son ahurissement, revenait à la charge avec plus d'acharnement que jamais. Les naseaux dilatés par la rage et la souffrance, la bouche écumante, il balançait la tête d'un air de défi et, se battant les flancs de sa queue, il labourait le sol de ses larges sabots et faisait voler au loin la poussière. Tous ces détails, je les saisis, d'un coup d'œil, mais je n'eus pas le temps de m'y appesantir. Recharger mon arme, je n'en avais pas le temps, réfléchir au parti à prendre, impossible !

Ma foi ! jetant bas, avec mon fusil, toute fausse honte, je tourne le dos au danger et je mets mon dernier espoir de salut dans mes jambes.

Pour un homme qui n'a pas la prétention de lutter avec l'homme-éclair, ni même avec l'homme-hirondelle, je ne m'en tirai pas trop mal.

La graisse ne m'étouffe pas et, *per Jove*, la vieille réputation de coureur que je m'étais faite au collège, je la mérite encore !

La rivière est devant moi, il s'agit de l'atteindre et de me jeter dans la première barque venue.

Malgré ma rapidité, j'entends, toujours plus près, le galop cadencé du buffle, je sens sur moi sa chaude haleine et je m'attends à être projeté en l'air d'un vigoureux coup de cornes, lorsque mon chapeau s'envole.

Bienheureux coup de vent, c'est à toi que je dois la vie !

Le buffle s'arrête brusquement, se précipite sur mon pauvre feutre, le projette en l'air, le foule aux pieds et le met en lambeaux.

Ce ne fut pas long, mais je gagnai du large.

La furie de l'animal ne s'était pas apaisée, il reprit sa poursuite. Pour moi, bien que je fisse des bonds désespérés, j'étais hors d'haleine. Incapable de lutter plus longtemps, j'allais rouler à terre, lorsqu'enfin je doublai la pointe du rivage près de laquelle je comptais trouver des bateaux.

D'un coup d'œil, je parcours la vaste étendue du fleuve, pas une barque en vue ! Pas un Européen, pas un indigène, je suis seul, seul avec mon diable de taureau qui arrive écumant de rage.

Jamais je n'oublierai l'angoisse qui me saisit à ce moment. La décrire serait impossible !

Un seul parti à prendre, encore n'est-il guère moins dangereux que ma situation actuelle ! Si j'y dois rester, la mort toutefois n'est pas si imminente et j'ai du moins quelque chance de m'en tirer. Le fleuve est rapide et les crocodiles sont nombreux. J'ai cent chances sur cent d'être foulé aux pieds, déchiré à coups de cornes si j'attends mon ennemi, mais j'en ai quatre-vingt-dix-neuf sur cent de me noyer ou d'être dévoré par les crocodiles.

C'est dans ces moments là que la pensée court plus vite que la plume et qu'on a tôt fait d'envisager les chances du parti à prendre ! Au diable, ma peau ne vaut pas cher, mais, si peu qu'elle vaille, j'y tiens et je me précipite dans le fleuve.

Une fois revenu à la surface de l'eau, je tourne mes regards vers mon redoutable ennemi. Debout sur la rive, le cou tendu vers le fleuve, il allait et venait, faisant résonner le sol sous les coups de ses sabots impatients. Allait-il me poursuivre jusque dans l'humide élement?

Le poitrail couvert de sang et d'écume, le buffle était évidemment frappé à mort, mais il était terrible encore et les dernières manifestations de sa fureur impuissante m'offraient un spectacle imposant.

Mais je n'avais pas à m'attarder, je n'étais pas encore sauvé !

Je gagne le milieu du fleuve en luttant contre le courant; cependant la course forcée que j'ai fournie a épuisé mes forces, je me sens faiblir lorsqu'une barque de pêcheur vient fort à propos doubler la pointe d'une petite baie. Je pousse un cri, le pagayeur m'aperçoit et m'empoigne par mon vêtement au moment où je vais couler à fond, j'étais sauvé.

Le lendemain matin, je dormais profondément, épuisé que j'étais par les péripéties aussi inattendues qu'émouvantes de ma promenade, lorsque je fus brusquement éveillé par un colloque fort bruyant entre mes gens et une foule de Birmans stationnés devant mon logis.

De quoi s'agissait-il? J'eus peine à le comprendre, quand je sortis de ma tente.

J'étais la cause bien involontaire de cet émoi. Le propriétaire du buffle que j'avais tué en défendant ma vie, venait réclamer le prix de ma victime. Aurait-il donc songé à payer une indemnité, si c'est moi qui eusse succombé dans la lutte?

Philosophiquement, je payai la somme qu'il me réclamait, exigeant toutefois qu'on me livrât le buffle; nous nous en régalâmes je dois l'avouer, ce que n'auraient pu faire mes compagnons, et par respect humain et parce que cela n'en aurait pas valu la peine, si, au lieu du buffle, c'eut été ma maigre personne qu'on eût servie.

A quelques jours de là, j'étais tranquillement assis au bord du fleuve, à l'ombre de mon parasol et j'aspirais à intervalles réguliers la fumée de mon hookah, lorsque j'aperçus à peu de distance, un canard sauvage qui nageait près d'un champ de roseaux. Je me fis apporter mon fusil, et déjà j'avais épaulé, lorsque j'abaissai mon arme en riant silencieusement.

Le canard sur lequel j'allais faire feu était empaillé et du milieu des roseaux, un Birman le faisait assez habilement manœuvrer pour tromper les yeux des volatiles ses congénères.

Ce chasseur sans armes m'intriguait et je me demandais comment il parvenait à s'emparer du gibier qu'il pouvait tromper.

Rien de plus simple, et la méthode n'est pas originale, elle est communément employée en Chine et c'est de là sans doute qu'elle s'est répandue dans la Birmanie. Qu'une bande de canards s'abatte sur un fleuve, le chasseur se coiffe d'une calebasse ou d'un pot en terre à travers lequel deux trous percés lui permettent de voir. Il entre dans l'eau bien au dessus de l'endroit où se trouvent les canards et se laisse aller à la dérive sans bruit, en se soutenant sur l'eau.

Les canards ne s'effrayent pas de cet objet qui descend vers eux et, lorsque le chasseur passe à portée d'un canard, il l'empoigne par les pattes, lui fait faire un plongeon et l'attache à sa ceinture; il continue ainsi jusqu'à ce qu'il ait capturé toute la bande ou que quelque imprudence ait mis en fuite la gent emplumée.

Je ne veux pas terminer ce chapitre sans raconter ma dernière rencontre avec le roi des jungles comme le tigre est souvent appelé. D'ailleurs, elle se produisit pendant nos travaux pour la ligne télégraphique, elle est donc ici bien à sa place.

Depuis quelque temps il y avait un certain ralentissement dans les travaux, la chaleur était accablante, mais elle était encore plus désagréable dans la forêt, s'il est possible. Le manque absolu d'air, les émanations qui se dégageaient d'un sol humide sous les chaudes caresses du soleil, les senteurs fades des feuillages qui se fanaient entassés des deux côtés de la route, tout cela rendait pour nous l'existence on ne peut plus pénible et donnait à la plupart des travailleurs la fièvre des bois. J'en fus moi-même attaqué et, longtemps, j'en ai ressenti les suites.

Dans l'état d'énervement où nous nous trouvions, les visites des tigres nous étaient particulièrement désagréables. L'un d'eux avait choisi le village de Bao-chong comme place d'approvisionnement.

A l'extrémité du hameau, faisant face à des champs de riz s'élevait une pauvre cabane. C'est là qu'une nuit, le tigre, trouvant les parois trop solides, avait bondi sur le toit, y avait fait un trou et avait emporté dans

7.

la jungle un pauvre Birman dont il n'avait pas tardé à faire un solide repas.

Une nuit, tout le camp est réveillé par les grondements de nos éléphants qui, maintenus par leurs entraves, se sentent incapables de se défendre. On allume les torches, on bat le tam-tam, on entasse fagots sur fagots à l'entrée du camp et l'on se rendort.

Une heure plus tard, le tapage recommence; cette fois, c'est du camp des ouvriers que vient le bruit. Tout le monde est sur pieds, les coups de fusil se succèdent au hasard, j'apprends enfin que le tigre a emporté un chien et je rentre sous ma tente où je ne tarde pas à m'endormir.

Le lendemain, mon tour arrive de recevoir la visite du roi des jungles. Il pouvait être onze heures du soir et je venais de m'étendre sur ma couche rudimentaire, lorsqu'un bruit assez distinct de branches froissées et cassées se fit entendre dans les buissons qui bordaient la clairière où nous étions campés. Je prêtai l'oreille et j'entendis distinctement le sourd grognement d'un fauve qui faisait le tour de ma tente.

D'une voix forte, j'appelai mes gens : *Ali ider aïou!*

Ils n'étaient pas encore couchés et me répondirent aussitôt *Shab Quia hai Atahaï!* (Voilà, nous venons!)

Quelques secondes plus tard, Ali venait ouvrir la porte de ma tente — il avait soin de la fermer, tous les soirs, dès que j'étais rentré. Il alluma un grand feu et je me recouchai après avoir visité mes armes.

Une demi-heure se passa sans nouvel incident et

j'allais m'endormir lorsque je dus renoncer définitivement au sommeil, en raison des cris, des détonations, des coups de gongs et de tamtam qui éclataient à tous les coins du camp.

C'était à un tigre adulte et de grande taille que nous avions affaire, ainsi qu'en témoignaient les empreintes relevées autour de ma tente ; il nous avait fait trop de visites pour que nous tardions plus longtemps à les lui rendre.

Les éléphants sont rangés en bataille. Nous longeons d'abord toute la lisière septentrionale de la forêt, ne rencontrant que des sangliers ou des paons.

Nous déjeunons et nous repartons cette fois pour pénétrer à travers d'inextricables fourrés d'épines. Un peu plus loin, ce sont, à perte de vue, des allées d'arbres majestueux qui forment un immense parc naturel d'une beauté incomparable et dont nos plus belles forêts, dans nos parcs les mieux plantés, ne peuvent donner la moindre idée.

La battue de l'après-midi ne fut pas plus fructueuse que celle de la matinée et nous rentrâmes au camp brisés de fatigue.

La nuit se passerait-elle sans une nouvelle visite du roi des jungles ? Je ne le pensais pas.

Avec quarante hommes bien armés, je me poste au coin du petit village que le fauve avait l'habitude de visiter, je m'installe avec ma carabine à balle explosible, au milieu du sentier qui débouche dans la plaine.

Il pouvait y avoir deux heures que j'étais en sentinelle lorsque j'aperçus deux faibles lueurs scintillantes qui semblaient venir à moi. Je crus distinguer un chien ou un chacal, mais, par prudence, j'armai ma carabine et j'attendis. Je ne tardai pas à constater que j'avais devant moi un tigre d'une taille tout à fait extraordinaire.

En m'apercevant, il s'arrêta, demeura indécis quelques instants, puis fit un bond de côté et disparut dans les broussailles.

Évidemment, je gênais ce fauve noctambule.

Ne voulant pas aborder l'obstacle de front, le félin opéra une manœuvre tournante ainsi que me l'apprit le bruit qu'il fit sur ma droite. Je tirai, un peu trop vite et trop au jugé et je l'entendis qui dévalait sans avoir été blessé.

Dans la matinée du lendemain, j'appris que le tigre avait été aperçu non loin de la rivière, dans un fourré de bambous. Montés sur deux éléphants, un ingénieur et moi nous partîmes aussitôt.

Où se trouvait le terrain de chasse, les clameurs d'au moins trois cents Birmans nous l'apprirent bientôt.

Dès que j'aperçus M. Stripes, je le chargeai. Ne voulant pas essuyer le choc, il bondit au dessus d'un énorme fossé et vint s'abattre un peu plus loin dans un canal qu'il traversa tantôt à la nage, tantôt en pataugeant dans la vase. Arrivé sur le bord de la rivière, voyant nos éléphants s'avancer vers lui, il prit l'eau dans l'espoir de passer à la nage. Il fut aussitôt salué d'une volée de balles.

En même temps, à cinq cents mètres plus bas, deux nouveaux éléphants excités par leurs cornacs entraient dans l'eau ; la situation se corsait évidemment!

Quant au tigre, il n'avait pas fait deux cents mètres à la nage qu'il se sentit impuissant à lutter contre le courant.

Il veut aborder un petit îlot qui se trouve plus bas, impossible. Il essaie donc de regagner la rive en faisant un crochet.

Il ne me fut pas difficile d'arriver avant lui à l'endroit qu'il voulait atteindre et tranquillement, du haut de mon éléphant, comme à la cible, je lui envoyai quatre coups de carabine à balle explosive. J'eus le temps de recharger et de l'atteindre à la tête avant qu'il put gagner le rivage à quelques cent mètres du point où il était parti.

A ce moment, la vue du tigre tout ruisselant d'eau et de sang, qui sort de la rivière à côté de lui, et les cris des Birmans, effraient mon éléphant ; il fait un brusque mouvement et je suis précipité à terre à côté du tigre qui se débat dans les dernières convulsions de l'agonie.

Sans mon cornac, à qui j'avais sauvé la vie dans une circonstance analogue, j'étais infailliblement écharpé, mais sans perdre la tête il se précipite et d'un vigoureux coup de lance en plein cœur il achève l'animal.

Ce fut le dernier tigre que je tuai en Birmanie et certainement, de tous ceux que j'ai vus c'était le plus gros. Il appartenait à cette espèce que les indigènes appellent *mangeurs d'hommes*, parce qu'ils en préfèrent la chair à celle de tous les autres animaux.

Est-ce à l'usage presque exclusif de la viande humaine qu'il faut attribuer la maladie de peau dont celui-ci était atteint, je ne sais, mais il était pelé, galeux et sentait fort mauvais.

Tel est, assez désagréable en somme, le souvenir que j'ai conservé de ma dernière rencontre avec le roi des jungles.

CHAPITRE X.

Mœurs et coutumes — Le percement des oreilles — Le mariage et le divorce — Agences matrimoniales — Flirtation birmane. — La mort et l'enterrement — Les astrologues — Le tatouage — Invulnérable! — La médecine et les maladies.

Mes nombreuses courses à travers le pays, mes rapports quotidiens avec des indigènes qui n'avaient encore eu que des relations peu fréquentes avec les Européens, m'avaient déjà mis à même de recueillir nombre d'observations sur les mœurs et les habitudes des Birmans ; ces renseignements je les ai complétés avec l'ouvrage de Shway-yoe et c'est leur résultat qui me permet de donner ici quelques détails sur le cycle de la vie en Birmanie.

Si la prise de la robe jaune ou le tatouage fait de l'adolescent un homme, le percement des oreilles fait de la jeune fille une femme. Cet événement, le premier qui ait une véritable importance dans sa vie, a généralement lieu à l'âge de douze ou treize ans, c'est-à-dire lorsqu'elle devient nubile. Cette cérémonie est pour la famille l'occasion d'une grande fête à laquelle on convie les parents et les amis. Refuser pareille invitation serait injure mortelle et cela ne se fait jamais sans un motif excessivement grave.

Les aiguilles qui servent à percer l'oreille et les anneaux sont presque toujours en or, souvent même enrichis de pierreries, mais jamais, même chez les plus pauvres, d'un métal moins précieux que l'argent.

La solennité des préparatifs n'est pas sans exciter sérieusement les nerfs de la jeune patiente qui se figure devoir endurer une opération douloureuse.

Aussi ne faut-il pas trop s'étonner de l'entendre pousser des cris déchirants au moment où on enfonce l'aiguille dans le lobe de l'oreille, cris aussitôt couverts par un orchestre loué pour la circonstance.

C'est ainsi qu'agissent les dentistes forains intéressés à persuader à la foule que l'extraction se fait sans douleur; certains ajouteraient même, si on les laissait dire, que la sensation éprouvée par le patient n'est pas sans un certain charme!

Mais percer l'oreille ce n'est rien. Ce qui est douloureux, c'est d'agrandir le trou tous les jours, au moyen de tiges de *Keingou* «gazon éléphant» qu'on y passe et dont on augmente le nombre jusqu'à ce que le trou soit assez large pour recevoir le *Na-doung*, tube de bois d'un pouce de longueur sur la moitié de diamètre.

Tout le monde portait jadis le Na-doung en Birmanie, c'était une sorte de marque de nationalité, mais les vieux usages se perdent, il y a longtemps qu'on l'a dit, et le nombre des porteurs de Na-doung du moins chez les hommes, a sensiblement diminué.

L'état de mariage est encore plus envié par les Birmanes que par nos jeunes filles, s'il est possible. Pour elles, c'est une terre promise.

La femme birmane est plus heureuse et plus indépendante non-seulement que toutes celles d'Orient mais encore d'Occident, et c'est là un des traits les plus curieux et les plus distinctifs de la contrée qui nous occupe.

La loi a été pour la femme d'une libéralité presque excessive : la dot n'entre pas dans la communauté, mais revient, à la mort de l'épouse, à ses enfants ou à ses héritiers et, quand elle divorce, elle emporte avec elle non seulement sa dot, non seulement tout ce qu'elle a pu recueillir par héritage, mais encore les fruits de son travail ou de son économie pendant la communauté.

Quant au divorce, rien, pour elle n'est plus facile que de l'obtenir; elle n'a qu'à se présenter devant l'assemblée des anciens du village, à leur exposer l'objet de sa plainte et, si ses griefs sont justes, on y fait toujours droit après enquête.

Loin d'avoir à sa charge les travaux les plus pénibles et les plus rebutants de la vie de ménage, la femme, qui, chez ses parents, n'a appris que la coquetterie, passe son temps à s'habiller, à lisser et à natter ses cheveux dans lesquels elle pique avec beaucoup de goût quelque fleur au parfum pénétrant; elle se poudre la face et prend soin de son corps.

Combien n'est-il pas de nos Européennes qui voudraient être nées dans cet heureux pays, elles qui, du matin au soir, sont attelées aux soins du ménage ou qui secondent leur mari en occupant chez des étrangers quelque emploi souvent peu rénumérateur !

Le piano a été remplacé dans l'éducation des jeunes birmanes par l'étude des livres sacrés ou de la littérature nationale, et l'on ne saurait s'en plaindre.

Elles ont généralement le sens des affaires et, si son mari est absent, on verra souvent la fermière vendre la récolte à meilleur compte que ne l'aurait fait celui-ci. Au village, s'il survient quelque accident, s'il se commet quelque vol ou quelque crime et que le *souaba* ou maire ne soit pas là, c'est sa femme qui en assume la responsabilité, prend en main la direction de l'affaire, donne les ordres nécessaires, et, si besoin en est, fait même procéder aux arrestations. La chose est si commune, si bien acceptée, que personne ne murmure et que ses ordres sont aveuglément obéis

Pourtant, la polygamie est reconnue et permise, mais la plupart des Birmans n'ont qu'une seule femme.

En tout cas, dans la Birmanie anglaise, cet usage n'existe plus. Seuls les grands officiers que les devoirs de leur charge forcent à parcourir le pays, ont une femme dans les principales villes de leur gouvernement. Le feu roi n'avait pas moins de 53 femmes et de nombreuses concubines dont l'entretien lui coûtait fort cher. Il n'avait pas eu moins de 110 enfants dont plus de 50 lui survécurent.

Autrefois, l'homme ne pouvait se marier avant vingt-quatre ou vingt-cinq ans, mais cette limite est abaissée et l'on prend communément femme à dix-huit ou dix-neuf ans; quant aux jeunes filles, elles peuvent se marier dès qu'elles sont pubères.

Les mœurs birmanes d'autrefois n'étaient pas sans offrir certains rapports avec celles des anciens Hébreux que nous fait connaître la Bible et l'on pense à Jacob chez Laban lorsqu'on sait que tout Birman qui recherchait jadis une jeune fille, prévenait les parents de ses intentions et restait chez eux deux ou trois ans, avant que le mariage s'accomplît.

Mais, de nos jours, ces vieux usages, ces formalités si peu d'accord avec la vie pressée que nous menons, sont tombés en désuétude. Que les parents des deux jeunes gens l'aient pour agréable, le mariage se fera avec une rapidité qui sera d'accord avec l'impatience des amoureux.

Malgré ces facilités et l'abaissement de l'âge, on voit encore assez souvent des enlèvements. Quelque soit leur courroux, les parents trop indolents pour prendre une résolution énergique se contenteront de laisser les jeunes époux *manger un peu de vache enragée* et attendront qu'ils viennent faire amende honorable.

Qu'on fasse sa cour en Angleterre, en France ou en Birmanie, les procédés sont partout à peu près les mêmes. Les amoureux trouveront moyen de se rencontrer dans les assemblées, les fêtes de pagodes, les représentations théâtrales, les cérémonies publiques ou chez des amis communs. Les petits présents s'échangent, encore, s'il n'y avait que cela d'échangé!

Autre trait de ressemblance avec ce qui se passe

chez nous, il existe des bureaux de placement pour les deux sexes, des agences matrimoniales dont, à l'exemple de feu M. de Foy, le directeur connait toutes les demoiselles à marier de la ville, a supputé leur dot et leurs espérances et détaillé leurs avantages physiques.

Seulement, c'est par amour de l'art, par charité que le *oung-bwé* exerce ce petit commerce qui ne laisse cependant pas d'être lucratif. Mais on n'a généralement recours aux bons offices de cet entremetteur que dans certaines circonstances, notamment lorsqu'un jeune homme pauvre recherche une jeune personne riche ou la fille de quelque puissant fonctionnaire.

Si nous savons si bien ce qui se pratique entre amoureux, n'allez pas supposer que ce soit le résultat d'observations personnelles, nous n'avons fait que recevoir les confidences d'amis qui ont passé par là et connaissent *ex professo* les libertés et les prohibitions de la *flirtation* birmane.

C'est aux environs de neuf heures du soir que se donnent les rendez-vous, soit parce que, dans la journée, la chaleur est trop intense, soit parce que, le matin, les femmes, adonnées au soin du ménage, seraient obligées de se montrer sans être *sous les armes*.

Or donc, l'amoureux, avec un ou deux amis, rôde autour de la maison jusqu'à ce que les parents soient couchés ou, du moins, semblent s'être retirés dans leur chambre. Il entre et trouve la jeune fille ou seule ou avec deux ou trois compagnes, coquettement parée, le visage poudré et des fleurs dans les cheveux. Jamais les parents n'assistent à l'entretien, bien qu'ils se soient arrangés pour ne rien perdre de la conversation et qu'un trou habilement percé dans la muraille de bambou, leur permette de surveiller ce qui se passe, et d'intervenir à temps si les démonstrations d'amour devenaient trop ardentes.

Enfin, on est tombé d'accord; on se plaît, la dot a été discutée, tout est en règle; on procède au mariage qui n'a aucun caractère religieux.

Aux frais du fiancé, on prépare une grande fête à laquelle on invite parents, amis, simples connaissances, car ce qui constitue à proprement parler le mariage, c'est la publicité donnée par les deux familles à l'union de leurs enfants.

Sans doute, les amateurs de pittoresque et de couleur locale, les fanatiques d'archéologie regrettent le temps où les deux fiancés, la main dans la main, mangeaient le riz dans la même assiette et se retiraient dans la chambre nuptiale sous une pluie de riz rougi avec du safran; mais il y a des siècles qu'on se plaint de la marée toujours montante de l'uniformité!

Cependant il existe encore en Birmanie, ce singulier usage d'aller troubler la nuit de noces en lançant sur le toit de la maison une nuée de pierres et de bûches de bois, vieille coutume qui se perd dans la nuit des temps, dont l'origine religieuse est à demi effacée et dont on se délivre au moyen d'une contribution pécuniaire dont se régalent les trouble-fête.

Les détails que nous donnons ici sur les cérémonies

qui accompagnent les divers actes de la vie et que nous résumons d'après Shway-Yoe, seraient incomplets si nous négligions ce qui touche les funérailles.

Le maître de la maison vient de rendre le dernier soupir. On le transporte aussitôt dans la pièce centrale de l'habitation, puis on le lave, on l'enveloppe de linges blancs et on le revêt de ses plus beaux habits, tandis qu'on va prévenir de l'événement les parents, les amis, et le monastère voisin. Seule la face du mort est laissée à découvert et l'on a soin de glisser entre ses dents la *Kadoh-Ka*, pièce d'or ou d'argent destinée à payer le passage de la mystérieuse rivière, superstition qu'on retrouve dans mainte religion.

Une bande de musiciens a été mandée, elle arrive et entonne quelques chants funèbres devant la porte, tandis que les *hypon-gyees* pénètrent dans l'intérieur, où leur présence suffit pour éloigner les mauvais esprits. Puis, le corps est placé dans une bière de *let-pan* (bombax malabaricum), ou de *eng-tree* (dipterocarpus tuberculatus), qui disparaît bientôt sous les présents de toute sorte qu'ont apportés les invités.

Shway-yoe fait cette remarque macabre que le pauvre diable qui, de son vivant, n'avait jamais possédé une demi roupie, reçoit souvent un si grand nombre de présents funèbres qu'il tomberait sous le coup des lois somptuaires, si l'on était sur le territoire du roi Thibau.

Plus riche est le défunt, plus longue est l'exposition, sans doute afin de donner à un plus grand nombre de personnes le temps de venir.

Dans la rue, sous un dais décoré de peintures et de papier de couleurs repose le cercueil. Au dessus, a été construit un énorme reposoir qui a parfois jusqu'à dix mètres de haut et recouvre le toit des maisons voisines.

Au jour fixé pour les funérailles, le cercueil est porté en procession par six ou huit jeunes gens qui s'arrêtent de loin en loin et se livrent à une chorégraphie, qui n'offre aucun rapport avec la danse de Saül devant l'arche, dont la signification s'est perdue, mais qu'accompagnent le bruit discord des instruments et les chants des pleureurs loués pour la circonstance.

On gagne ainsi le cimetière, qui est généralement placé dans la partie occidentale de la ville. Le cercueil est posé à terre, la musique s'arrête, le prêtre s'avance, récite les cinq commandements et quelques autres litanies, on descend et on remonte trois fois la bière en signe de dernier adieu avant de la laisser au fond de la fosse, puis le monde s'écoule après avoir jeté une poignée de terre.

Si l'enterrement est devenu le mode de funérailles le plus commun par tout le territoire anglais, la vieille méthode de la crémation est restée en usage dans la Birmanie indépendante et même dans les districts qui ont peu de rapports avec les Anglais.

Toute la cérémonie se passe de même, puis le corps, au lieu d'être enterré, est déposé sur un bûcher au centre duquel est placée une urne qui reçoit les ossements non consumés. Lorsque le feu est éteint, les parents viennent fouiller dans les cendres et recueillir les os qu'on lave soit avec le lait de la noix de coco, soit avec des essences provenant de parfumeries européennes. Soigneusement enveloppés, ces os sont emportés dans la maison mortuaire.

Huit jours après les funérailles, il est de règle de se réunir et de célébrer l'événement par un banquet, — c'est ce que J. Vallès appelle « sucer la cuisse du lapin des morts, » — aux frais duquel contribuent les parents et les amis, mais dont le résultat le plus certain est d'absorber le plus clair de l'héritage, sinon même, de créer à l'héritier des dettes sur lesquelles il ne comptait pas.

C'est ce jour-là que les ossements, rapportés du lieu de la crémation, sont enterrés ou placés dans quelque coin d'une pagode à moins qu'on ne les réduise en poudre pour les mêler à l'huile qu'on extrait du *thi-see*. De cette pâte on fabrique de petites images de Gautama qu'on garde précieusement à la maison.

Telles sont les cérémonies qui accompagnent les divers actes de l'existence. On a pu remarquer qu'un personnage singulier, l'astrologue ou sorcier, le *Poonna* y joue souvent un rôle prépondérant. C'est lui qui fixe les jours heureux et les heures propices ; sans son conseil bien des Birmans et surtout des Talaings n'entreprendraient aucune affaire importante.

Et, ce qui fait voir combien la superstition est la même chez tous les peuples, c'est que la chiromancie joue en Birmanie, comme chez nous, un grand rôle dans les prédictions de ces charlatans. Chez l'homme c'est la main droite, chez la femme c'est la main gauche qu'il faut examiner. Voici quelques uns des signes qui dénottent le caractère et le sort des individus : Une paume rouge veut dire qu'on a beaucoup d'amis, une blanche est signe de malheur.

Des lignes noires dans la main sont l'indice de la prudence, si elles se prolongent jusqu'au poignet, elles annoncent le bonheur, si vous avez de longs doigts vous aurez beaucoup de filles ; s'il sont courts, vous êtes lascif. Voilà des détails qui auraient sans doute intéressé Desbarolles, l'auteur des *Mystères de la main*; nous les donnons ici pour ses adeptes et ses disciples.

Le Poon-na peut jeter sur une personne, qui lui est désagréable, dont il a à se plaindre ou qui lui a été simplement désignée, des sorts qui auront une influence décisive sur sa vie, aussi ne saurait-on avoir trop de prévenances et trop d'amabilités pour un personnage aussi habile, aussi puissant.

Les gaillards savent en jouir de la crédulité publique, et l'exploitent largement. Songez donc; si vous bâtissez une maison il faut demander au Poon-na le jour où vous devrez commencer votre construction. Bien plus, il surveilsera les bois que vous emploirez, car si vous vous servez de poteaux mâles, c'est à dire qui seront de la même taille aux deux bouts, vous serez toujours heureux, si c'est du bois neutre, c'est à dire plus gros au milieu, vous végéterez toute votre existence, enfin si vos pieux sont plus gros d'un coté que de l'autre, alors, le Poon-na sera impuissant à lutter contre l'imprudence que vous aurez commise et vous vous ressentirez toute votre vie de la sottise de vos charpentiers.

Ainsi donc vous êtes prévenus, vous tous qui bâtissez des châteaux en Birmanie, prenez garde à la poutre non pas que vous avez dans l'œil, mais que vos ouvriers emploieront pour votre construction !

Nous avions dit plus haut que les Birmans avait l'habitude de se tatouer. Les dessins ne montent généralement pas au dessus de la ceinture et ne descendent pas plus bas que le genoux, ce qui leur donne aux gens tatoués l'air de porter des culottes. On voit cependant quelquefois des Birmans tatoués sur la poitrine et sur le dos. Ce tatouage très serré est formé de dessins de toute sorte d'animaux, de serpents et de fleurs qui s'entremêlent et se chevauchent mutuellement.

Certains signes cabalistiques passent pour porter chance; il en est même de réputés pour mettre, mieux que la meilleure des cottes de mailles à l'abri de la balle. Ceci me rappelle une anecdote que me racontait M. Limousin, un des Français les plus anciennement établis dans le pays.

C'était au temps où les Anglais venaient de s'emparer du Pégu. Une troupe de chasseurs européens, après avoir battu la campagne toute une matinée sans grand succès, venait, après un déjeuner un peu trop largement arrosé, de se remettre en chasse, lorsqu'elle rencontra quelques Birmans.

L'un d'eux avec cette verve et cette causticité qui les ont fait parfois comparer aux Français, se prit à tourner en dérision la maladresse des Européens dont le butin était presque nul dans une contrée giboyeuse. Il s'en prit particulièrement à l'un des chasseurs qu'il cribla de ses sarcasmes. Ce dernier perdit patience et s'emporta jusqu'à menacer le Birman de son fusil. Celui-ci ne fit que rire des menaces de l'Anglais, disant avoir deux bonnes raisons pour ne rien craindre, le chasseur étant trop maladroit et les tatouages qu'il portait sur la poitrine le mettant à l'épreuve de la balle. Puis, il s'écarta un peu et défia l'Anglais de le toucher. Ce dernier venait de mettre en joue lorsque ses compagnons s'interposèrent. « Ne craignez rien, dit-il, je ne veux que lui faire une éraflure au bras pour lui prouver et mon adresse et ce que peut sur son cuir une balle bien dirigée. » Il fit feu et le Birman qui avait reçu la balle en pleine poitrine roula à terre pour ne plus se relever.

Si son tatouage n'avait pu protéger le Birman, du moins celui ci avait-t-il eu raison de critiquer l'adresse du chasseur ; la démonstration lui coûtait un peu cher, il faut l'avouer.

Quoi qu'il en soit, l'affaire fut en partie étouffée. Le maladroit chasseur dut payer à la famille de la victime une somme de mille roupies, soit 2500 francs. « A ce prix, ajoutait M. Limousin, il n'est pas une famille en Birmanie qui ne consentit à se priver de son chef ! »

Dans un pays aussi arriéré, à certains points de vue, que la Birmanie, la médecine est encore dans l'enfance et peut être, sans irrévérence, rapprochée de la sorcellerie. Il est des docteurs birmans qui considèrent l'absence d'un des éléments comme la cause de la maladie dont vous souffrez, ils prescrivent alors les médicaments qu'ils supposent contenir des éléments qui vous font défaut, l'air, la terre ou l'eau.

Les autres, un peu moins empiriques, se proposent de guérir au moyen de drogues et de médicaments appropriés. A côté de ceux-ci, il est des spécialistes, les uns traitent la syphilis, les autres les morsures de serpents etc, sans parler des accoucheuses et des *shampoers*, car le shampoing est employé dans presque toutes les maladies, sans préjudice des autres prescriptions de la Faculté, comme nous dirions en France.

Les maladies sont nombreuses, les plus ordinaires sont les fièvres, généralement causées par l'impaludisme, la fièvre des jungles, le choléra, la petite vérole les maladies de foie et les troubles des organes digestifs.

Si les médecins indigènes peuvent faire quelques cures dans ces maladies qu'ils ont observées depuis si longtemps, ce n'est pas que les ressources de leur art ne soient on ne peut plus bornées : la saignée est rarement pratiquée et rencontre presque toujours des objections, les abcès sont laissés à eux mêmes et et jamais on ne songerait à les ouvrir à l'aide du bistouri ; à plus forte raison, toutes les opérations chirurgicales sont-elles hors d'usage ; toutes les difformités naturelles ou acquises, gibbosité, claudication, deviation, etc, sont laissées à elles mêmes. En somme mieux vaut se remettre entre les mains d'un médecin européen que de se laisser traiter par les empiriques et les charlatans du pays.

CHAPITRE XI.

Fin des travaux de la ligne télégraphique. — Ma rentrée à Tavoy. — Quelques détails sur cette vile. — Carnaval. — Baptême réciproque. — Danger des buffles dans les villes.

Avec le commencement des pluies, nous arrivons à la fin de la saison des travaux. Au mois de novembre 1880, un détachement de travailleurs a quitté Maulmein et durant la saison sèche, il a construit une cinquantaine de milles géographiques en venant à notre rencontre. Pour nous, sur un parcours d'une quarantaine de kilomètres en partant de Tavoy, nous avons ouvert le chemin, planté les poteaux, posé le fil télégraphique vers Maulmein, sans compter que, dans la direction de Bankok, nous avons procédé au même travail sur un parcours de dix milles. Nous avons fait tout cela en cinq mois ; on avouera que nous n'avons pas perdu notre temps.

L'une des opérations les plus intéressantes de cette campagne a été la traversée de l'embouchure de la rivière de Tavoy par la ligne télégraphique. Il fallait qu'elle fut établie assez haut pour permettre aux jonques du plus fort tonnage de passer sans caler leurs mats. Nous avons donc dressé sur chaque rive un poteau en bois de tek qui pourrait servir de mat de misaine à un navire de 1000 tonneaux. Ces poteaux, qui sont formés de deux arbres jumelés n'ont pas moins de 98 pieds de hauteur.

On comprend, de reste, que ce n'est pas avec nos seules ressources que nous avons pu dresser deux mats semblables, nous avons dû recourir aux habitants des villages voisins; aussi, lorsque le travail est terminé, nous leur donnons le spectacle, un pwai comme on dit là bas. Le sujet de la pièce était, si j'ai bien compris, une lutte entre le roi des singes et le roi des tigres mangeurs d'hommes. Pendant quelque temps la lutte parait incertaine, mais la fortune finit par se prononcer en faveur de celui que certains auteurs nous donnent pour ancêtre.

La ville de Tavoy, capitale du district de même nom, peut avoir 15 000 habitants; elle est située à trente milles de l'embouchure de la rivière, dans une vallée basse et marécageuse et la partie la plus élevée de la cité ne dépasse que de quatre mètres le niveau de la haute mer dont le flot se fait sentir jusque là. A droite et à gauche, de basses collines animent un paysage que rendent excessivement monotone les énormes plantations de riz qui découpent la campagne environnante.

Nous nous garderons bien de décrire les monuments publics, ils n'ont absolument rien de particulier non plus que les innombrables pagodes, monastères et zayats ou maisons des étrangers. Les trois avenues principales sont coupées à angle droit par des rues bordées de maisons en bambou, de paillottes séparées les unes des autres par des jardins plantés d'arbres fruitiers.

Le commerce de Tavoy est sans importance et n'a lieu qu'avec les autres villes de la Birmanie ou les Établissements du détroit. La ville actuelle ne remonte pas au delà de 1751, mais on trouve à quelques milles au nord les ruines d'une cité qui porte le nom de Vieux Tavoy. Au reste, toute cette contrée a, depuis des siècles, été ravagée par des guerres continuelles avec le royaume de Siam, des rebellions, des incursions; si bien qu'elle est peu peuplée et que ses montagnes abruptes et ses bois épais ne sont pas encore ouverts à la civilisation.

Pour entrer dans le royaume de Siam, on ne peut le faire qu'en franchissant des montagnes difficiles d'accès par des passes dont quelques unes, et notamment celle d'Amya, ne sont pas praticables pour les éléphants, de sorte que l'on doit porter les bagages à dos d'homme. La difficulté d'accès du port, le manque de routes et, jusqu'à ces derniers temps, de communications télégraphiques avec les autres parties de la province, tels sont les principaux obstacles au développement du commerce et à l'immigration des étrangers.

Durant les derniers temps de mon séjour dans cette ville, j'assistai aux fêtes du carnaval. Montées sur des charrettes à bœufs couvertes de toile et divisées en compartiments, des troupes ambulantes donnent gratis des représentations funambulesques à travers les rues de la ville.

Le plus vif plaisir de ces grands enfants est de se

déguiser en Européens; tantôt ce sont des marins anglais, tantôt des dames dans les accoutrements les plus grotesques. Ils représentent ici des scènes de piraterie, des courriers anglais attaqués par des forbans malais ou chinois, là ce sont des épisodes des luttes homériques entre les Français et les Anglais dans l'Inde; ailleurs un combat naval, un naufrage, une guerre entre Hindous et Musulmans, enfin des danses grotesques de bayadères.

On voit par cette énumération que les Birmans ont quelque vague idée des événements qui ont ensanglanté l'Inde pendant tant d'années, mais à la réalité, la fable se mêle dans une proportion telle qu'il est le plus souvent impossible de reconnaître les événements mis en scène.

Il existe une singulière coutume qui rappelle la cérémonie si connue du *baptême de la ligne*. Par bonheur, c'est au moment des grandes chaleurs que cela se pratique, ce qui diminue beaucoup l'inconvénient de cette mode désagréable.

Devant chaque demeure sont installés en permanence de grands baquets d'eau et les jeunes filles, au moyen de seringues en bambou, arrosent les passants; elles s'acharnent tout particulièrement sur les étrangers auxquels elles pensent faire honneur et plaisir; le seul moyen de se dispenser de ces douches forcées est de rester chez soi, à moins que l'on n'aime mieux payer quelque redevance aux jolies et gaies doucheuses.

J'ai déjà eu l'occasion de dire combien les buffles qu'on laisse partout, jusque dans les villes, en liberté sont dangereux pour les Européens ; j'ai raconté la chasse qui m'avait été donnée en pleine campagne par un de ces animaux, j'ai pu constater à Tavoy que le danger est encore plus grand s'il est possible.

Ces buffles qu'un enfant du pays conduit sans peine et qui savent retrouver d'eux mêmes le chemin de leur étable, ont si bien l'habitude de se jeter tête baissée sur les Européens qu'ils aperçoivent, que, le plus souvent j'étais obligé, pendant mes courses, de me faire accompagner d'un indigène armé d'un bâton pour chasser les buffles qui se jetaient sur moi.

La plupart des villes de Birmanie et Tavoy, notamment, sont divisées en ilots ou carrés qui sont bien loin d'être tous bâtis, de sorte que, dans la ville même, il existe de larges espaces où l'herbe pousse luxuriante. C'est là que malgré les règlements de police, vont paître la plupart des buffles que possèdent les habitants et comme seule, une simple rigole sépare le champ du chemin, on comprend que ces animaux occasionnent de nombreux accidents.

Quand, par hasard, on envoie les animaux paître hors de la ville, les bouviers ont l'habitude de les rappeler tous les soirs au son d'une corne de buffle. J'ai vu de ces animaux qui, tous les matins, sous la conduite d'un taureau, traversaient la rivière à la nage, pour aller paître sur l'autre rive, se précipiter dans l'eau au premier coup de corne et rentrer à Tavoy à la nage. Spectacle singulier, qui ramène la pensée, bien loin de là, dans les marais Pontins, où plus d'une fois j'ai été témoin de scènes analogues.

CHAPITRE XII

Les ressources de la Birmanie — Ses progrès depuis qu'elle appartient à l'Angleterre — Le riz, ses procédés de culture, son rendement et son commerce — Fruits indigènes — Le sésame et Ali-baba — La canne à sucre — Le thé et le café — Le tabac — L'indigo — Les digues et les canaux — Les animaux domestiques —

J'avais profité de mon séjour à Rangoon, à Maulmein à Bassein et à Tavoy, pour réunir un certain nombre d'informations sur l'agriculture, l'industrie, le commerce, les arts et la statistique de la Birmanie ; ce sont ces notes, complétées et rectifiés, que je reproduis ici dans l'espoir qu'elles pourront être utiles au négociant et à l'émigrant, à tous ceux, en un mot, qui ont le souci de développer les relations commerciales et l'influence de la France.

Il faudrait être de mauvaise foi pour nier les immenses progrès que le pays a accomplis depuis qu'il est sous la domination anglaise. Rien de plus compréhensible quand on songe aux voies de communications, encore trop peu nombreuses, il est vrai, (mais il n'en existait pas du tout) qui ont été ouvertes, elles mettent en rapports quotidiens les districts les plus éloignés et facilitent, vers la côte, l'écoulement des produits d'une contrée admirablement dotée par la nature.

Routes, canaux et chemins de fer, services réguliers de bateaux à vapeur, permettent d'amener à Rangoon, à Akyab, à Maulmein et dans les principaux ports, quantité de marchandises recherchées en Europe et dans l'Inde, dont les habitants n'avaient jamais su tirer le moindre parti.

Jusqu'à présent, malgré la paresse innée d'une population sans besoins, c'est l'agriculture qui a fait les progrès les plus sensibles. On ne compte encore dans la Birmanie anglaise que trois millions et demi d'acres en culture, chiffre bien faible relativement à l'immense area de la contrée, et dont le dizième est consacré aux plantations de riz.

Comme il est facile de l'imaginer, ce sont les terres alluviales du delta de l'Irraouaddy qui sont les plus rémunératrices, non seulement parce que la culture y est plus ancienne, mais aussi parce que les procédés y sont le plus perfectionnés.

Le Birman, dont la sagesse consiste à ne pas se donner plus de mal qu'il n'est nécessaire, a, de toute antiquité, choisi pour cette céréale les terrains marécageux, riverains des fleuves et cours d'eau, qui sont facilement inondables durant la saison des pluies. Cependant, dans le haut pays, dans les districts que ne peut atteindre la mousson du sud-ouest, là où la nature se refuse à faire le travail de l'homme, il a dû recourir à certains procédés qu'on retrouve chez tous les peuples ; aux barrages et au canaux d'irrigation.

Aussitôt que les pluies qui, à partir du mois de juin,

ont transformé la partie basse de la Birmanie en un immense lac de boue, viennent à se passer, on commence les travaux préparatoires des semailles. On égalise le sol au moyen d'une herse à trois dents, ou on se contente de le faire tasser par des buffles. On laisse la terre se ressuyer pendant un mois ou six semaines et l'on repique alors les plants du riz qu'on avait semé à la volée dans un terrain plus sec. Puis, jusqu'en novembre, à moins que des pluies persistantes, en détrempant la terre et en pourrissant la plante, ne vous forcent à recommencer l'opération, vous n'avez plus qu'à attendre.

A partir du mois d'octobre, tous les cours d'eau prennent une animation particulière, ce ne sont que jonques, pirogues ou steamers qui amènent dans les basses terres une immigration de moissonneurs. Pour la plupart, ce sont gens calmes et paisibles, travailleurs acharnés, malgré la réputation détestable que leur fait la police locale en leur attribuant tous les crimes dont elle n'a pu découvrir les auteurs. Ces moissonneurs, détails singulier, sont payés en nature et non en argent; à eux d'aller à la ville ou de vendre sur pied aux commissionnaires la part de la moisson qui leur revient.

Au lieu d'être, comme en Europe, semés de meules énormes, les champs birmans présentent, à cette époque, un tout autre spectacle. Ici on ne coupe guère que l'épi et la paille brûlée constitue par ses cendres le seul engrais qu'on donne à la terre.

Dans le champ même qui vient d'être moissonné,

sur la terre durcie et séchée par le soleil, on installe une aire. En d'autres termes, on fiche dans le sol un poteau auquel sont adaptés deux rouleaux que des bœufs mettent en mouvement. Le grain qui a résisté à cette opération est ensuite dépiqué, au moyen de machines à main primitives.

Ces procédés si simples sont encore trouvés trop compliqués par quelques paysans amateurs endurcis de la routine, chez eux, les bœufs fouleurs sont remplacés par des fléaux à bras et le vau par un tamis en bambou en haut duquel on verse les paniers de grains, laissant au vent le soin de séparer du bon grain l'issue et la menue paille.

On calcule que l'acre cultivé en riz rapporte en moyenne un peu plus de trois schillings par an, et que le rendement en est d'environ de 80 à 100 *bushels*. Les statistiques les plus récentes que nous ayons eues sous les yeux estiment qu'en 1877-78 le total des acres plantés en riz était de 2.511.756.

Les Anglais, gens pratiques avant tout, qui savent combien est rapide et préférable le travail mécanique, ont établi, depuis quelques années, des moulins à vapeur pour le décorticage à Akyab, Maulmein, Bassein et Rangoon. Ces engins sont aussi perfectionnés que ceux d'Europe ; ils sont mus par des machines à vapeur de 4 à 500 chevaux du type le plus nouveau ; ils étaient déjà, lors de mon séjour, éclairés par le système Jablochkoff, aujourd'hui remplacé sans doute par les lampes Swan ou Edison.

Les *toung-ya* ou plantations de montagne ne sont

pas particulières à la Birmanie, on les retrouve sous des noms différents aussi bien dans l'Assam que dans le Mysore et généralement chez toutes les populations montagnardes.

Abominable système de culture, s'écrient en chœur tous les agents des forêts ! Procédés de sauvages ! Gaspillage effréné et barbare ! Avouons-le, elles sont bien méritées, ces imprécations quotidiennes des forestiers.

Le paysan choisit sur une colline un emplacement bien garni d'arbres et de bambous qu'il abat et qu'il brûle, au risque de mettre le feu à la forêt entière, afin d'en mêler à la terre les cendres fertilisatrices.

Aussitôt après la première pluie, la terre est remuée et l'on sème à la volée le riz, le coton ou le sésame, si l'on préfère ces dernières cultures. Il n'y a plus maintenant qu'à nettoyer le terrain de ses mauvaises herbes et à attendre le moment de la récolte. C'est en septembre pour le riz de montagne, en octobre pour le sésame, de décembre à avril pour le coton.

La récolte finie, le cultivateur plie bagage, va défricher plus loin un nouveau coin de forêt et ne revient à celui qu'il a quitté que cinq ans plus tard, c'est à dire, lorsque la végétation est assez dense et assez vigoureuse pour fournir assez de cendres fertilisantes.

Les riz de table que produit la Birmanie sont aussi beaux que ceux d'Europe, aussi, sont-ils tous les jours plus demandés par l'Amérique du sud, l'Égypte et l'Italie ; quant, aux qualités inférieures elles trouvent un placement rémunérateur dans les Établissements du détroit, en Chine et dans l'Inde, où elles ont, plus d'une fois, contribué à calmer ces abominables famines dont les gazettes nous ont retracé le désolant tableau.

Les arbres à fruits sont en très grand nombre, nous nous contenterons de citer les plus généralement connus : orange, citron, mangue, papaye, noix de coco, goyave, pomme d'acajou, ananas, melon, banane, tamarin, jujube et sapotille. Citons encore le jack un des fruits les plus gros du monde et dont le goût rappelle celui de la datte, les dourians et les mangoustans dont les Birmans sont en général très friands et dont on expédie, tous les ans, dans la Birmanie indépendante, des quantités considérables pour l'usage de la famille royale et de la cour. Quant aux oranges, les plus succulentes proviennent de Mergui, de Tavoy et de Rangoon. Avec ces fruits aux formes bizarres, aux couleurs éclatantes, quel merveilleux et truculent tableau composerait un de nos peintres de nature morte !

A cette énumération rapide des fruits du pays, il convient d'ajouter quelques détails sur les principales cultures. S'il en est une qui ait fait des progrès notables, c'est bien celle du sésame qui embrasse un area trois fois plus considérable qu'il y a dix ans. Un conte que tout le monde a lu dans sa jeunesse, affirmait qu'il suffisait de prononcer le mot de sésame pour que s'ouvrît la caverne d'Ali Baba et qu'on se trouvât en présence de trésors considérables. On peut dire que le sésame n'a pas perdu de sa valeur car cette culture est plus que jamais, hautement rémunératrice. C'est qu'elle se plait aussi bien dans les clairières des Romas que dans la plaine, et qu'aussi bien sur les hauteurs que dans les bas-fonds, elle rend, malgré le peu de soin qu'elle exige, le centuple des sueurs qu'elle a coutées.

Rien de primitif comme le mode d'extraction de l'huile en usage chez les Birmans. Figurez-vous un énorme tronc d'arbre enfoncé de huit pieds, pas un de moins, dans le sol et creusé de deux pieds, pas un de plus, en forme de mortier. Là dedans vient s'adapter une bille de bois de deux mètres de long, en haut de laquelle se fixe une solide barre de bois qu'un bœuf met en mouvement. Pas une graine qui résiste à cette pression ; l'huile, *comme chez nous l'anarchie* coule à pleins bords et vient remplir par une bonde placée sur le côté du mortier, une série de tonnes et de jarres. Mais, c'est là une méthode perfectionnée, introduite depuis peu de temps et qui se sent du voisinage des Européens. Les Birmans se contentaient autrefois de plonger dans le mortier de vieux morceaux d'étoffe qu'ils retiraient saturés d'huile et qu'ils tordaient, à la force du poignet, pour en exprimer le liquide.

La culture de la canne à sucre est loin d'avoir réalisé de si notables progrès. Diminuant dans les districts de Prome et de Henzada pour prendre une extension assez sensible dans l'Amherst et le Shwe-gyeng, où elle a trouvé des conditions favorables, elle n'a fait en réalité, que rester à peu près stationnaire. La plupart des champs en culture sont situés sur le bord d'une rivière, le Bheelong, qui déborde tous les ans et laisse, en rentrant dans son lit, un limon d'une extrême fertilité.

Le jus de la canne est exprimé dans un mortier semblable à celui qu'on emploie pour le sésame, il est ensuite versé dans des nattes où il ne tarde pas à se durcir. On voit que les procédés de fabrication sont encore d'un primitif qui ferait sourire, si l'on ne pensait à tout ce que ces méthodes aussi lentes que défectueuses laissent perdre de la récolte.

C'est dans le district d'Akyab qu'on a jugé à propos d'introduire la culture de deux nouveaux produits excessivement rémunérateurs, le thé et le café. En 1862 les premiers essais ont été tentés et, dès l'année suivante, les hardis planteurs envoyaient à l'exposition de Calcutta quelques échantillons qui furent récompensés. Prix de croissance ou plutôt prix d'encouragement, comme on dit aux petits bébés qui rentrent avec leur couronne de feuillage trop cru et de leur volume, qui pourrait être souvent un peu mieux choisi par le professeur!

En 1876-1877 la récolte du thé n'a été que de 25.374 livres, ce n'est encore à vrai dire qu'une espérance. Quant au café, ce n'est que de 1876 que datent les premières plantations.

Il y a quelques années déjà qu'on s'efforce d'introduire en Birmanie les cotons de l'Égypte, du Brésil et de la Caroline aux brins bien plus longs que les cotons indigènes, mais on n'a guère réussi ; d'un côté parce que la sainte routine fleurit aussi bien en Orient qu'en Occident, de l'autre, parce que la culture du riz est infiniment plus rémunératrice. Il existe en Birmanie deux espèces de cotonnier ; l'un, le précoce, qui n'a pas plus de trois ou quatre pieds de haut, voit ses capsules s'ouvrir en décembre ou en janvier, chez l'autre bien plus grand puisqu'il s'élève généralement de six à dix pieds, les semences ne sont bonnes à récolter que deux mois plus tard.

On peut dire que la culture du tabac est indistinctement répandue dans toute la Birmanie, cependant c'est dans les districts de Henzada, du Ramree, de Prome, de Thayet, de Sandoway, de Tharawaddy, sur les flancs des collines de l'Arakan, sur les bancs de sable desséchés des torrents qui coulent à pleins bords pendant la saison des pluies, partout en un mot, où le sol est saturé de sel, qu'il se plaît le mieux.

On sème en septembre pour récolter en janvier. Les feuilles qu'on a choisies, on les laisse tout simplement sécher sur le sol ou sur un treillis de bambou. Une fois sèches, les feuilles sont liées ensemble en paquets et envoyées au marché.

Dans l'Arakan, on récolte un tabac très supérieur aux sortes ordinaires de l'Inde, aussi ne faut-il pas s'étonner que les cigares de la Birmanie se soient fait une réputation sur tous les marchés de l'Hindoustan et cependant une grande partie de ceux qu'on vend sous ce nom sont fabriqués avec du tabac importé de

Madras qu'on roule en cigares avant de le réexpédier dans l'Inde.

Il y a donc un mouvement d'importation et d'exportation assez considérable; il le serait bien davantage si la fabrication, au lieu de se faire sans grand soin, par de simples particuliers, était entre les mains d'ingénieurs européens bien au courant des méthodes employées pour traiter les tabacs. Le seul inconvénient de notre science, c'est qu'on finit par nous livrer, sous le nom de tabac, un produit qui ne rappelle que de fort loin le goût et le parfum de fournir l'herbe à Nicot.

En somme, mieux vaut encore des produits naturels mal fabriqués que des articles d'une fabrication savante et d'une sophistication parfaite. Pas trop de civilisation, s'il vous plaît!

L'indigo, qu'on cultive principalement dans le Henzada, ne donne pas un rendement assez considérable pour fournir à la demande, aussi, chaque année, en importe-t-on des Établissements du Détroit, des quantités assez importantes.

Plus simple que dans l'Inde, où cette industrie a pris des proportions colossales, est le procédé de fabrication. On se contente de laisser tremper pendant vingt-quatre heures, dans de grandes cuves remplies d'eau, les feuilles et les tiges les plus tendres, on y ajoute alors de la chaux éteinte, puis on écrase le tout avec un pilon de bois. Dès que l'opération paraît terminée, on retire les débris de feuilles et les fragments de bois qui ont résisté, puis on laisse reposer le liquide pendant trois ou quatre jours. L'eau qui ne contient plus alors de matière en suspension, s'écoule et on laisse au dépôt le temps de se solidifier.

Il n'y a pas longtemps encore que les districts les plus fertiles et les plus riches de la Birmanie souffraient cruellement toutes les années des inondations; c'étaient les deltas de l'Irraouaddy, les districts d'Amherst et de Shwe-gyeng qui étaient le plus éprouvés.

Mais, depuis 1862, des travaux de protection très-importants ont été entrepris, notamment dans le Henzada où, grâce à une digue, quinze mille acres de terrains en culture ont pu être mises à l'abri de l'inondation. En même temps, on reliait, par un canal de 89 milles de long, le système de l'Irraouddy à celui du Sittang, ce qui, au point de vue commercial, était d'un intérêt considérable, tout en permettant, si les deux fleuves n'étaient pas en même temps en hausse, de faire filer par cette nouvelle issue le trop plein des eaux.

En somme, l'administration locale très préoccupée de ce qui se passait au cours de la saison d'hiver, a fait venir du Bengale des ingénieurs du service hydraulique qui, après avoir étudié le régime des rivières et des fleuves, ont conçu de vastes projets que l'état des finances n'a pas permis de réaliser tout d'un coup. On résolut tout d'abord de protéger la rive droite de l'Irraouaddy par une série de digues et de levées.

Depuis lors, les travaux ont été poussés avec activité; mais, comme il arrive presque toujours dans ces sortes d'opérations, les projets primitifs, hâtivement étudiés et manquant de bases sérieuses, ont été modifiés, étendus et améliorés.

Aujourd'hui, bien que, par intervalles, des digues et des éperons destinés à rompre la force du courant aient été construits sur les bords de l'Irraouaddy, d'Abouk-toung à Donabyoo et à partir de l'embouchure septentrionale de la rivière Bassein sur sa rive gauche, jusqu'au dessous de Nga-thainh-Kyoung, durant les grandes crues, le pays souffre encore.

L'une des années qui marqueront le plus cruellement dans le souvenir des Birmans est celle de 1877, en raison des pertes considérables causées par une crue d'une hauteur exceptionnelle et véritablement désastreuse.

A notre sens, il en sera de même tant que les ingénieurs du service hydraulique n'auront pas étudié sur *tout leur parcours et jusqu'à leur source*, les cours d'eau de la Birmanie, tant qu'ils n'auront pas relevé en détail, tous les incidents qui peuvent influer sur le débit ou la rapidité des fleuves, chutes, cataractes ou rapides, nombre et puissance des affluents et sous-affluents, tant qu'un service télégraphique sérieusement organisé ne préviendra pas les riverains des chutes et de la fonte des neiges aussi bien que des progrès et de la hauteur probable des crues.

On est loin encore de pouvoir penser à la réalisation de ce rêve de tout bon administrateur, car d'une part l'Irraouaddy et le Salouen traversent des pays qui ne sont pas au pouvoir des Anglais et de l'autre leur source et leurs affluents supérieurs sont encore inconnus.

Bien que ces conditions nuisent d'une manière sensible aux progrès de l'agriculture, l'area des terres ensemencées s'est accru depuis une dizaine d'années de plus d'un tiers, ainsi que le constate un rapport que nous n'avons pu nous procurer mais dont l'analyse parue dans le *Times* du 19 août 1882, nous permettra de compléter les données que nous avions réunies. Nous aurions voulu mener jusqu'à une période plus rapprochée de nous, le petit tableau statistique ci-contre, mais les éléments nous ont manqué pour cela et d'ailleurs tel qu'il est, il suffit à donner une idée du nombre des animaux domestiques recensés dans la Birmanie anglaise.

ANIMAUX	1868-1869	1877-1878
Buffles	401,234	661,542
Taureaux, vaches et bœufs	419,887	713,715
Moutons et chèvres	15,568	19,690
Éléphants	851	1,324
Chevaux	6,796	5,758
Cochons	128,579	102,458
Total	972,915	1,504,487

On voit dans ce tableau que le chiffre du bétail, durant une période de neuf années, s'est accru dans une proportion à vrai dire merveilleuse, puis qu'il s'est élevé de plus de la moitié. Presque toute l'augmentation s'est portée sur les animaux de race bovine, tandis que le nombre des moutons n'accuse qu'un accroissement presque insensible, en même temps qu'une diminution très marquée portait sur le nombre des porcs sans que l'on put l'attribuer à une épizootie quelconque.

L'ouvrage auquel nous empruntons ce tableau, le *British Burma Gazetteer* attribue cette différence aux défectuosités de la statistique. Nous ne pouvons que nous en rapporter aux auteurs de ce travail d'origine officielle, qui ont eu entre les mains les documents authentiques, en regrettant qu'il ne soit pas apporté plus de soin à la composition de de ces tableaux qui doivent être le meilleur mode d'appréciation des progrès ou de l'arrêt de la prospérité d'un pays.

Les buffles sont de grands et beaux animaux d'un caractère on ne peut plus soupçonneux et particulièrement haineux pour les Européens, cent fois, malgré ma mésaventure, il m'est arrivé de rire en voyant un galopin d'une dizaine d'années protéger un soldat anglais cotre la fureur de l'irascible ruminant. Et cependant on ne peut pas dire avec le poète à tous les Anglais.

Soldats, voici des bœufs qui passent,
Cachez vos rouges tabliers.

Les buffles sont en général assez délicats et l'on ne peut exiger d'eux que pendant trois ou quatre ans de tirer le char. Malgré les essais tentés depuis que le pays est sous la domination britannique, le stock n'a pas été alimenté par des naissances nombreuses et, il faut avoir recours, pour en maintenir le nombre à la hauteur des besoins, aux importations du royaume de Siam et du Burma indépendant.

Il faut avouer que cet insuccès est dû en très grande partie au peu de soin que les indigènes prennent de ces animaux.

C'est à la même cause qu'il faut attribuer les épizooties terribles qui éclatent soudain. En dix-huit mois, dit le *Burma Gazetteer*, cent mille têtes de bétail périrent et ces hécatombes se renouvellent sans cesse.

Puis, on ne fait rien pour protéger ces animaux contre les intempéries des saisons; en été on ne leur procure ni ombre, ni eau fraîche et ils contractent souvent des maladies des pieds et de la bouche parce qu'ils sont sans cesse à l'humidité et qu'ils n'ont pas un hangar où se retirer.

Malgré ces conditions défavorables, le nombre des buffles s'est accru de plus de 44 pour cent en dix ans et celui des vaches, bœufs et taureaux de plus de 70 pour cent.

La race ovine est loin d'avoir progressé dans la même proportion; d'abord, en fait de moutons, on n'en voit guère que dans les environs de Prome où existe une ferme modèle et, des animaux inscrits sous cette dénomination, la plupart sont des chèvres ou des béliers.

Quant aux chevaux, ils sont, pour la plupart, importés des états Shans, immense étendue de pays comprise entre le Salouen et le Meh-Thoung, presque inconnue, où les Européens ne pénétrent qu'avec difficulté et où l'on peut chasser comme l'a fait notre compatriote Thomas-Anquetil, le cheval sauvage.

Cette chasse rappelle singulièrement celle qui se pratique dans les pampas, lorsque les *peones* pourchassent à grands cris les chevaux et les forcent à passer par un défilé que ferme un *corral* où les animaux s'entassent.

La lutte est ici plus dangereuse, car on a affaire à des bêtes absolument sauvages, qui se défendent à coups de dents et de sabots.

La plupart des chevaux ainsi capturés sont importés chaque année, au mois de janvier, dans la Birmanie.

On les désigne dans l'Inde, eux et leur descendance, sous le nom de *ponies* du Pegu.

Petits, mais vigoureux et très doux, ils ne sont guère employés qu'à traîner quelques voitures. Seuls, certains officier sanglais ou quelques résidents à leur aise se donnent le luxe de les monter ; quant aux indigènes, race éminemment pédestre, ils se contentent de les faire courir, plaisir aussi vif pour eux, qu'une course de canots qu'un combat de coqs.

Assez singulières sont les voitures indigènes, qu'elles soient tirées par des bœufs ou par des buffles. Des deux brancards, une extrémité supporte une espèce de joug, l'autre vient s'adapter à l'essieu sur lequel repose le corps de la voiture. Un peu plus grands que les voitures à bœufs, les chars à buffles sont élégants de forme et les animaux sont harnachés avec autant de goût que de luxe.

CHAPITRE XIII

Le murier et le ver à soie — Fabrication des tissus — La laque et la manière de s'en servir — Le cachou et ses usages — Les fondeurs — Comment on moule une statue — Bibelots d'étagère et bijoux — Le sel, la pêche et le ngapi — Chemins de fer et télégraphes — Statistiques commerciales.

Malgré le peu de soins qu'elle réclame, l'industrie de la soie est encore dans l'enfance par toute la Birmanie.

Pour être juste, il faut dire que si le nombre des éleveurs est si restreint, cela tient à un préjugé religieux fortement enraciné. Tuer un animal, si chétif, si nuisible ou si rémunérateur qu'il soit, répugne à tout bouddhiste zélé. Aussi les éleveurs de vers à soie sont-ils, classés, comme profession, au même rang que les chasseurs et les pêcheurs, tous gens assez rudement traités au-delà de cette vie.

C'est à ce préjugé qu'il faut attribuer l'isolement complet dans lequel vivent les éleveurs lorsqu'ils ne se réunissent pas à l'écart, sur quelque montagne, au milieu des bois, dans un village qu'eux seuls habitent. On les rencontre particulièrement aux environs de Shwé-gyeng, de Thayet, de Prome de Tarawaddy et un peu au nord de Rangoon.

Un des administrateurs les plus éclairés de la Birmanie, le colonel Horace Browne, qui avait étudié avec passion les mœurs des habitants, avait remarqué que dans le district de Prome, l'un des plus importants au point de vue de la production de la soie, presque tous les indigènes qui s'adonnent à cette industrie sont des Yabehns. Cette tribu qui appartient incontestablement à la famille birmane, est un peu traitée comme les parias de l'Inde ; elle est universellement méprisée, sans doute à cause de l'indifférence qu'elle a toujours professée pour ce précepte de Bouddha : « tu ne tueras pas.»

De là vient aussi que, chez les Birmans, le mot Yabehn est synonyme d'éleveur de vers à soie.

Et pourtant, ce n'est pas seule cette réprobation générale qui a déterminé le Yabehn à vivre au milieu des forêts et des montagnes. Depuis bien longtemps il a remarqué que le murier de Birmanie, qu'il ne faut pas confondre avec le *morus indica* ne se plaît nullement dans les terres alluvionnaires du bas pays, mais qu'il pousse à merveille sur les collines ; il sait aussi par expérience que la soie récoltée sur les muriers du delta est infiniment plus grossière que celle du haut pays.

Le murier de Birmanie est un petit arbre qui ne

s'élève guère au dessus d'une dizaine de pieds, il ne donne que pendant trois ans des feuilles capables de fournir aux vers à soie une nourriture succulente et assez tendre. A ce moment, le sériciculteur abandonne sa plantation et va s'établir ailleurs, ou il l'arrache pour la reconstituer au moyen de jeunes plants qu'il a faits de bouture.

Rien de simple comme l'éducation du ver à soie, rien de moins fatigant et de plus facile. Sauf l'époque où il faut cueillir pour les jeunes chenilles des feuilles nouvelles et tendres, qui puissent être aisément broyées et digérées, toutes les opérations se passent dans la hutte même du Yabehn, sans qu'il ait le moins du monde à se déranger. On place les femelles des papillons sur un morceau de toile grossière, sous un abri de feuilles de palmier et c'est là qu'elles procèdent à la ponte. Dès que les jeunes vers ont changé de peau, on ne prend plus d'autre soin que d'entourer les claies où ils se traînent d'un moustiquaire afin de les protéger contre les ichneumons.

D'habitude, un mois suffit à une chenille pour arriver à sa croissance complète ; c'est alors qu'elle file son coton sur les brindilles de bambou qu'on a disposées à cet effet.

Mais alors, et c'est ici que le métier se gâte et devient odieux aux Bouddhistes fervents, on détache les cocons qu'on jette dans un vase rempli d'eau où — abomination des abominations ! — on les laisse mijoter sur un feu doux. C'est alors seulement qu'on peut procéder au dévidage, opération confiée à quelque fillette qui enroule sur un cylindre de bambou les fils de la soie qu'elle pêche au moyen d'une petite fourche de bois.

Puis, lorsque toute la soie a été dévidée, on retire de l'eau les chrysalides et, comme il ne faut rien perdre, on les frit dans l'huile, ce qui procure à la famille un plat aussi succulent que peu coûteux.

Il n'y a pas de cabane, de paillotte, de maison en Birmanie où l'on ne trouve un métier. Aussi, ne peut-on faire un pas dans les rues, sans chercher à fuir, mais en vain, l'éternel *clic clac*, chant peu harmonieux, quoique monotone, de cette infernale machine.

Chacun file ses vêtements de tous les jours avec la soie qu'il récolte, car celle-ci n'est pas assez belle pour être employée aux vêtements de luxe. A quoi cela tient-il ? Sans doute au peu de soin qu'on prend des jeunes élèves, à la saleté où on les laisse, sans doute aussi au mode trop primitif du dévidage.

Vendue grège, la soie est filée au tour, mise en écheveaux qu'on fait bouillir dans de l'eau de savon pour la dégraisser, puis envoyée à la teinture.

Le métier à tisser est on ne peut plus simple et rappelle ces vieux mécanismes qu'on pouvait rencontrer il y a quelques années dans certains villages. Ce sont les femmes qui les conduisent et elles s'acquittent de cette besogne avec une prestesse et une dextérité d'autant plus merveilleuses qu'elle n'en perdent ni un coup de langue à donner sur leurs compagnes ni une œillade à lancer à leurs amoureux. D'après le recensement de 1872, l'industrie de la soie occupait 42,45 personnes dont 32,11 dans le Pégu seulement.

Si les soies de luxe doivent être importées en grande partie de Chine ou d'Angleterre, en revanche les laques de la Birmanie ont su se conquérir sur les marchés étrangers une réputation qu'elles méritent à tous égards.

Bien longtemps la Chine et le Japon ont eu la spécialité des articles laqués, car on se figurait que ces objets, longtemps en faveur parmi nous, n'étaient fabriqués que dans ces contrées.

Mais aujourd'hui les laques de la Birmanie commencent à être exportées et elles ont rencontré la même faveur que leurs rivales.

Tous ces mille bibelots pour lesquels on se passionne, ne sont pas en papier comme on se l'est longtemps figuré, ils sont en bois de diverses espèces et verni avec la gomme de *l'urushi*.

Au Japon c'est cet arbre (*Rhus vernicefera*) qui fournit le vernis, c'est du *thi'see* ou *melanorrhœa usitatissima* que coule la laque de Birmanie, une laque sombre, bien différente de l'urushi qui est jaune au moment de l'extraction et qui ne fonce qu'après plusieurs jours d'exposition à l'air libre.

Le thi'see pousse partout, et l'on n'a jamais songé, tant il est abondant, à en créer des pépinières, comme on a fait au Japon pour l'urushi depuis des centaines d'années. Rien de beau comme cet arbre en fleur; imaginez un énorme bouquet d'un blanc de crème qui répand un parfum assez analogue à celui de la pomme.

Le mode de récolte de la laque est assez semblable à celui qu'on emploie pour la résine, on fait simplement des incisions dans l'écorce et l'on recueille dans des vases de bambou, le liquide qui en découle. Pour que cette gomme ne sèche pas trop vite, on la recouvre d'eau ; mais la meilleure est toujours celle qu'on emploie toute fraîche.

Les articles le plus ordinairement laqués sont les coupes à boire et les boîtes à bétel, ces dernières composées de deux cylindres s'emboîtant exactement l'un dans l'autre et qui renferment tous les ingrédients nécessaires à cette dégoûtante pratique de chiquer si commune dans toute la contrée. On fait aussi des boîtes de toilette, pour les dames, très soigneusement travaillées et décorées avec un goût et une délicatesse véritablement merveilleux.

Puis, ce sont des coffrets en bois de tek où les actrices renferment les parfums, huiles, cosmétiques, faux cheveux et autres articles qu'elles ne sont pas seules à employer.

Citons encore ces récipients qui servent à porter des offrandes aux monastères et aux pagodes, ordinairement taillés sur le patron de ces dernières, avec cinq ou sept toits superposés; ils ont souvent la hauteur d'un homme. N'oublions pas non plus, ces plateaux de toute taille et de toute forme qui sont illustrés des dessins les plus fantastiques et les plus abracadabrants.

Nous ne parlerions pas du cachou, si l'on n'avait trouvé le moyen de s'en servir pour teindre et pour tanner.

Le cachou (*acacia catechu*) est un arbre élevé qui pousse surtout dans la Birmanie anglaise ; l'exploitation en a été si effrénée dans le Pégu, d'où viennent les meilleurs cachous, que le gouvernement a dû prendre de sévères mesures pour s'opposer à la destruction de ces arbres précieux.

On ne peut plus aujourd'hui les abattre sans permission et sans payer un droit.

Parmi les articles de fabrication indigène, citons encore les nattes, faites le plus souvent de menus brins de bambou ou même de l'écorce du Theng.

Nous ne pouvons non plus passer sous silence parmi les artisans les plus occupés, les fondeurs à qui l'on doit les cloches et les gongs, instruments si demandés dans toute la Birmanie, les assiettes, les bols, sans compter nombre d'articles de fantaisie qu'il serait trop long d'énumérer.

Les cloches, on les voit sur la plateforme de toutes les pagodes, et, Dieu sait s'il y en a dans le pays ; variées de taille, mais non de forme, elles sont terminées par un anneau qui permet de les suspendre à notre mode. La seule particularité qui les distingue des nôtres, c'est qu'elles n'ont pas de battant et qu'on les fait résonner à la main, en les frappant avec un gros morceau de bois.

Quant aux gongs, ils sont généralement triangulaires et l'on ajoute souvent au bronze pour modifier le son, une quantité d'argent très appréciable.

Les mêmes artisans fabriquent aussi des statues de Gautama et, ce qui prouve combien, malgré la différence de climat et les modifications de race, la superstition est partout la même, on voit de fervents bouddhistes jeter dans le métal en fusion, de l'or, de l'argent et jusqu'à des pierres précieuses.

Le procédé du moulage est assez original pour être décrit. La statue, en terre, est enduite d'une couche de cire qui varie d'épaisseur selon la force qu'on veut donner au bronze. On étale sur cette cire une nouvelle couche de terre dans laquelle on laisse des trous pour verser le métal en fusion et l'on y plante des brins de paille afin de permettre à l'air et à la cire fondue de s'échapper. On commence l'opération par le bas et, lorsqu'elle est terminée, on enlève à la lime toutes les bavures et les imperfections du métal.

On fabrique aussi dans le pays des fers de lance, des couteaux qui varient de forme et d'épaisseur suivant les localités et l'emploi qu'on en veut faire et surtout ces *dahs*, sabre ou coutelas à manche très long, d'un usage journalier et propre à toutes les besognes.

Il y a aussi des fondeurs d'or et d'argent qui fabriquent des tasses, et ces ornements chers aux femmes de tous les pays: bracelets, boucles d'oreilles, chaines et colliers de différentes formes. Les coupes et les tasses sont généralement massives et enrichies de figures repoussées très originales et d'une hardiesse de dessin véritablement merveilleuse. Quant aux bracelets et aux boucles d'oreilles, on les enrichit de pierres précieuses telles que rubis, spinelle, diamant ou saphir. L'année dernière, la mode était aux colliers formés de petits oiseaux, de roses ou de fleurs reliées par des chaînes d'un travail singulièrement délicat qui retombaient sur la poitrine. Mais ce sont là les parures de la classe riche, les femmes les plus pauvres se contentent de fleurs naturelles qu'elles piquent adroitement dans leurs beaux cheveux noirs ou dont elles font des colliers dont l'éclat et la variété rehaussent étrangement leur beauté.

Quant aux sculpteurs sur bois, ils travaillent surtout pour les monastères et autres établissements religieux dont les toits sont enrichis d'ornements qui nous paraissent bizarres, mais où l'on remarque une variété de dessin et une exubérance d'imagination dont on ne peut se faire une idée.

A côté de ces industries qui touchent à l'art, il en est d'autres, moins relevées, mais dont les produits intéressent tout autant le gouvernement local.

Tout le long de la côte, d'Akyab à Mergui, on fait du sel. Le gouvernement s'est réservé le monopole de cette industrie, mais nous devons avouer qu'elle n'a pas encore considérablement enrichi le trésor. Suivant qu'on traite l'eau de mer ou l'eau saumâtre, les procédés varient.

Dans le premier cas, on se contente d'approprier un assez vaste rectangle, non loin du rivage; on l'entoure d'un rebord puis on y fait entrer l'eau de mer qui s'évapore naturellement. On a soin de ramasser, au mois de mars, avec des rateaux et des pelles, la boue salée qu'on fait passer dans un filtre assez primitif; on entasse ensuite dans de grands vases en fer le résidu qu'on a obtenu et douze heures suffisent pour que l'évaporation soit complète.

Que si l'on traite l'eau saumâtre, on creuse une série de bassins étagés dans lesquels on fait successivement entrer le liquide qui, en fin de compte, est recueilli dans une vaste citerne. C'est à ce moment qu'on procède comme pour l'eau de mer et qu'on laisse bouillir le résidu de ces dépôts successifs.

Il est un autre produit de la mer qui l'emporte de beaucoup en rendement sur le sel, c'est la pêche qui se fait surtout dans l'archipel Mergui et aux environs de Bassein. Près de ce dernier port existent d'immenses bancs de sable où les tortues viennent en bandes innombrables déposer leur œufs. Sur l'un de ces bancs, il n'est pas rare de récolter en une seule semaine plus de 200,000 œufs.

Si répandu est l'usage du poisson en Birmanie, que les prisonniers en mangent trois et quatre fois par semaine, sans compter ce qu'ils consomment de ngapi, condiment fait de poisson salé qu'on laisse à moitié pourrir et qu'on mange avec la viande. A part les pêcheries de pleine mer, les plus lucratives se font dans les bas-fonds et les lagunes que remplissent les fleuves à chaque inondation. On évalue le produit annuel de la pêche pour la Birmanie entière à vingt cinq millions de francs.

En résumé, depuis l'occupation du pays par les Anglais, les prix de tous les articles se sont considérablement élevés. A cela, plusieurs causes. Tout d'abord la suppression des entraves, restrictions et prohibitions imposées au commerce par le gouvernement national, ce qui a amené le développement très rapide des demandes pour l'exportation. La production n'a pas suivi avec une égale rapidité, bien que l'étendue des terres en culture se soit considérablement accrue en peu d'années; malgré l'introduction des machines agricoles, malgré l'immigration des indigènes de la Birmanie supérieure, le prix de la main d'œuvre s'est élevé, car elle ne pouvait suffire aux demandes.

Quoi qu'il en soit, la Birmanie est aujourd'hui le grenier de l'Inde; mais combien plus grandes seraient les ressources que présente cette terre neuve et féconde, si l'on avait pu multiplier les routes, bâtir des ponts, construire des chemins de fer. Dire qu'il n'y a encore que deux lignes de chemin de fer en Birmanie! L'une a été ouverte en 1877 et va de Rangoon à Prome, elle a une étendue de 163 milles, l'autre, qui remonte la vallée du Sittang et qui va de Rangoon à Toung-Ngoo n'est encore ouverte que jusqu'à Pegu, sur un parcours de 48 milles, mais elle doit être terminée en 1884.

Quant aux télégraphes, comme leur établissement est plus facile et moins coûteux, leur développement a été plus rapide. Une première ligne de Prome à Mye-Dai a été ouverte en 1855; l'année suivante, c'était celle de Rangoon à Henzada; en 1861, la Birmanie était reliée à Calcutta et bientôt on construisait à travers la contrée, un certain nombre de lignes secondaires et l'on procédait aux études nécessaires pour relier Bankok à Tavoy et cette ville à Maulmein.

Malgré le peu de développement que le défaut des

ressources du budjet a pu permettre de donner à l'établissement des voies de communication, depuis ces dix dernières années, la valeur du commerce maritime s'est élevée de 7.750.000 liv. st. à dix huit millions tandis que le revenu de la terre doublait.

Les sources du revenu sont l'impôt foncier, les propriétés domaniales, la taxe sur les pêcheries et les monopoles du sel et de l'opium.

Le tableau suivant (1) nous donnera sur ces différentes sources de revenu des renseignements on ne peut plus instructifs.

	1871	1881
Terres cultivées aire en acres	2,090,386	3,518,685
Commerce maritime en livres st. — Exportations	3,894,894	9,478,143
Commerce maritime en livres st. — Importations	3,903,144	8,802,273
Total	7,798,038	18,280,416
Valeur du commerce avec le Burma supérieur, Siam, etc.	2,341,009	4,045,198
Exportation du riz en tonnes	487,162	892,262
Tonnage des vaisseaux entrés et sortis par mer	1,286,624	1,949,247
Nombre approximatif des navires et embarcations sur les rivières	60,329	65,000
Nombre approximatif des steamers et embarcations sur les rivières	9	38

(1) Voir: Smith. Student's manual of the geography of British India. — London, Murray 1882, in-18.

Milles de chemins de fer ouverts au trafic............	....	163
Milles de chemins de fer ouverts en construction.........	....	163
Milles de canaux ouverts au trafic.................	....	39
Nombre de procès civils jugés dans l'année	31,804	31,026
Nombre de meurtres, *dacoities* et vols annuels.........	407	278
Nombre des enfants dans les écoles inspectées et du gouvernement	2,456	85,930
Nombre des malades traités dans les hôpitaux...........	49,016	108,782
Revenu foncier en liv. st.....	331,944	656,891
Pêcheries	66,084	138,902
Forêts	81,812	151,661
Excise (contributions indirectes)	98,781	241,429
Taxe de capitation.........	221,105	288,804
Douanes................	284,803	595,656
Timbre.................	47,367	78.499
Postes et télégraphes	20,602	36,238
Total du revenu général sauf la recette du chemin de fer....	1,232,066	2,164,067

10.

CHAPITRE XIV

En remontant l'Irraouaddy — Prome et ses temples — Pagan ou splendeurs et misère d'une capitale — Meurtre d'un marchand musulman — Ava, la ville morte — Mandalay la capitale de la Birmanie. — Ma présentation au roi Thibau — Visite à Amarapoura — Je photographie les sœurs du roi — Massacres — L'avenir de la Birmanie.

A la fin d'avril 1881, la saison des pluies ayant arrêté les travaux d'établissement de la ligne télégraphique, je rentrai par Maulmein à Rangoon et c'est de cette ville que je partis le 2 mai 1881 sur le vapeur le *Pantay* pour remonter l'Irraouaddy.

A vrai dire, un voyage sur l'Irraouaddy est assez maussade, aux rizières sans fin succèdent des jongles où chaque nuit nous entendons rugir les fauves. Seules les pagodes de Shwé-Nat-daw qui se dresse à une grande hauteur, à quatorze milles de Prome, au dessus d'une plaine où tous les ans se rassemblent pour une fête plus de vingt mille Birmans, et, au de là de Prome celle de Shwe-Tshan-daw dont nous parlerons tout à l'heure, viennent rompre l'uniformité et la monotomie du paysage.

C'est le 8 que je débarque à Prome. Cette ville assise sur la rive gauche de l'Irraouaddy, au confluent du Na-Weng, fut autrefois la capitale d'un royaume tantôt indépendant, tantôt soumis au Pegu ou à l'Ava. C'est aujourd'hui une cité florissante, sur la grande route du nord et l'on n'y compte pas moins de 29.000 habitants.

Elle passe cependant pour être on ne peut plus malsaine à cause des étangs qui l'environnent, et du fossé qui, à demi désséché, est pendant l'été, une cause permanente de fièvre. Prome possède quelques bâtiments construits à l'Européenne ; ce sont les écoles, la poste, le palais de justice, le télégraphe. On y remarque aussi une grande et belle avenue, le Strand, sur laquelle viennent s'embrancher des rues coupées à angle droit.

Une odeur désagréable nous prévient que nous approchons du quartier de Na-weng. A l'embouchure de cette rivière est à l'ancre toute une flottille de jonques chargées nga-pee, cette pâte de poisson dont les Birmans sont si friands. Plus loin, ce sont : la gare du chemins de fer, les marchés, la prison, le dispensaire, l'hopital, batiment en bois élevé au-dessus du sol. Puis, voici la chapelle baptiste, la nouvelle église catholique romaine dans le quartier de Tseng-tsoo.

On peut dire que Prome est une ville toute récente car un épouvantable incendie ayant détruit, en 1862, les deux tiers de la ville, on en a profité pour élargir les rues et construire, suivant les besoins, les bâtiments des différentes administrations. D'ailleurs, cette ville brulée n'avait eu elle-même qu'une courte existence, puisqu'elle ne datait que de 1825, époque où, bien que fortifiée par les Birmans, elle avait été en partie incendiée lorsque les Anglais s'étaient avancés dans l'intérieur du pays.

La contrée est riche et fertile. Ce sont de belles et grasses vallées que dominent des coteaux garnis d'un épais manteau de forêts qui forment les dernières ondulations du Pegu Roma. Les principales productions sont le riz, la canne à sucre, le tabac, la soie, la cachou et les boîtes laquées qui servent à garder dans les monastères les livres en feuilles de palmier.

Derrière la ville et sur une petite éminence s'aperçoit, au milieu du feuillage épais des arbres et arbrisseaux qui en garnisent la pente, la Shwe-Tshan-daw pagoda. Sur une plateforme de 80 pieds de haut, elle occupe un carré de 11025 pieds avec ses 83 temples découpés appelés Zé-dee-yan qui renferment chacune une statue de Gautama et ses poteaux surmontés de l'oiseau sacré, dernier reste du culte de Vishnou.

Cette pagode qui contenait dans une boîte d'émeraude trois cheveux de Gautama et qui *après avoir été engloutie dans un tremblement de terre, reprit miraculeusement sa place à la surface du sol*, a été augmentée et ornée par nombre de rois et de gouverneurs.

Au nombre des premiers, il faut citer en première ligne Along Phra et Tharrawaddy qui la répara, la redora et la surmonta d'une couronne de pierres précieuses ; enfin, en 1858, un riche particulier ouvrit une souscription qui atteignit en peu de temps 76.000 roupies afin de la réparer à nouveau et enfin quelques années plus tard, on n'a pas dépensé moins de 25.000 roupies à des travaux de dorure. On voit que ce magnifique monument tient à cœur aux Birmans et que leur dévotion à Bouddha prend en plus d'une circonstance, une forme artistique faite pour plaire au voyageur curieux et passionné pour les belles choses.

De Prome à Mandalay l'aspect de la contrée, change singulièrement. De temps à autre on aperçoit des perspectives de montagnes et de collines surmontées de pagodes dorées ou blanchies à la chaux, qui brillent au soleil et s'aperçoivent de fort loin.

L'une des localités les plus intéressantes qu'on rencontre entre Prome et Mandalay est Pagan, ville fondée il y a plus de 1500 ans, où l'on remarque quantité de monuments aussi curieux par leur antiquité que par leur beauté artistique. Les ruines, qui n'auraient pas moins de dix siècles, embrassent une aire de huit milles le long du fleuve et de deux milles dans l'intérieur. Temples et pagodes, vieux murs de la ville et porte monumentale, tout est bâti de brique et de plâtre avec ce caractère massif que nous rencontrerons à Mandalay. Bien que Pagan soit depuis si longtemps abandonnée, ses temples sont demeurés sacrés et reçoivent encore la visite de nombreux fidèles ; je n'ai pas le temps de visiter en détail ces ruines immenses, ces temples de toute taille, de toute forme, de toute couleur, au nombre de mille, m'assure-t-on, et je reprends mon voyage.

Entre Prome et Mandalay, nous passons la frontière anglaise, séjour ordinaire de nombreux pirates connus sous le nom de *dacoits* qui trouvent tour à tour un refuge assuré sur le territoire anglais ou dans l'empire Birman. Pendant la nuit que nous passons à l'ancre devant Thamet-myo en compagnie d'un certain nombre de bateaux, jonques et sampans qui font le commerce entre cette ville et Prome, l'un de ces derniers fut attaqué par des pirates et le propriétaire, en voulant défendre sa cargaison, reçut un coup de feu qui lui broya le sommet de l'humerus. Le lendemain matin, ce marchand musulman vint à notre bord, pour faire examiner sa blessure au docteur. Celui-ci constata que l'os était broyé en petits morceaux, et en effet avec des pinces, il sortit un certain nombre d'esquilles. Seul à bord, je savais assez d'hindoustani pour faire comprendre au malheureux qu'une opération était indispensable. Il s'y refusa, répétant qu'il aimait mieux mourir. La gangrène finit par se déclarer et le pauvre diable s'éteignit au bout de huit jours en invoquant le nom d'Allah.

Quand il comprit qu'il n'y avait plus d'espoir, il fit demander le capitaine et le docteur et me dit en leur présence : « Je donne au monsieur Français tout ce que je possède. » Puis il me recommanda de le faire enterrer, à la prochaine station, selon les rites de sa religion.

En arrivant à Mandelay je procédai à la triste cérémonie, puis je remis au mollah les marchandises du musulman en le chargeant de faire élever à son coréligionnaire une tombe en briques sur laquelle on grava l'inscription suivante en Anglais et en Birman : Cy-git Carimbos agé de 25 ans, natif de Bassora, assassiné par des pirates à Thamet-Myo au cours d'un voyage commercial à Mandalay.

Dans une plaine immense, sur la même rive que Mandalay on aperçoit les ruines grandioses d'Ava, l'ancienne capitale, et non loin de là, la ville d'Amarapoura qu'on peut à juste titre appeler la ville d'or en raison de ses innombrables temples et palais entièrement dorés.

Spectacle véritablement enchanteur !

A côté, Mandalay s'étale avec ses pagodes et ses habitations fraîchement décorées, car la ville est relativement récente. Son enceinte fortifiée, dont le palais du roi Thibau forme le centre, ville dans la ville, car les villas y coudoient les temples et les casernes, un bazar et d'autres batiments, tous déssiminés au milieu de jardins immenses dont la végétation luxuriante se reflète dans l'eau sombre des étangs.

Ava, la ville morte, Amarapoura, la ville mourante et Mandalay qui leur a succédé !

Trois capitales à quelques pas les unes des autres, témoignage du caprice et de la versatilité des souverains de la Birmanie qui en apprend bien long sur le caractère oriental, les voilà les cités merveilleuses des *Mille et une nuits*, enfin elles sont devant nous !

L'horizon, au loin, est barré par une ligne crénélée de montagnes bleues ; là sont situées ces mines d'or, d'ambre et de rubis, monopole du roi, dont on extrait ces rubis connus dans le monde entier sous le nom de rubis d'Ava.

Mandalay est à deux cents milles au nord de Pagan. La ville proprement dite n'a qu'un mille de côté, elle est close par une épaisse et haute muraille avec parapet crénélé. A intervalles irréguliers cette dernière est flanquée de tourelles et les portes sont surmontées de tours pyramidales. Au pied de la muraille est creusé un large et profond fossé que traversent de chaque côté trois ponts menant aux portes de la ville. Celles-ci sont d'une hauteur et d'une épaisseur merveilleuses tout en tek avec chevilles de fer.

Des avenues macadamisées, de trente à quarante mètres de large, traversent la cité de part en part et se coupent à angle droit. Entre elles s'étend le dédale des rues secondaires, des ruelles et impasses.

Dans les avenues, une sorte de canal amène l'eau partout, alimenté qu'il est lui même par un acqueduc de 15 milles de long qui va puiser l'eau au-dessus de la ville. Les maisons particulières, qui sont en bambou et couvertes de nattes, de gazon ou de feuilles de palmier, sont toutes élevées sur des poteaux à un mètre cinquante au-dessus du sol. On ne trouve que dans les rues principales des maisons de brique, encore celles-ci ont-elles souvent un revêtement de boue. Seules, quelques boutiques chinoises sont élevées de deux étages et présensent un aspect de propreté qui surprend et réjouit la vue.

J'allai rendre visite, aussitôt débarqué, au premier ministre pour lequel j'avais une lettre d'introduction de l'un des plus riches négociants de Rangoon, M. Darwood, dont les rapports sont fréquents avec le gouvernement birman, et le ministre jugea à propos de me présenter au roi.

Le palais est entouré d'une double muraille en briques, à dix mètres l'une de l'autre et dont la seconde enclot une aire de trente à trente-cinq hectares de terrain. Près de la porte par laquelle nous entrâmes s'élèvent quelques baraques et un corps de garde devant lequel flânaient cinq ou six soldats. Leur casque en cuivre, leurs habits rouges qui rappellent un peu l'uniforme anglais, leurs jambes et leurs pieds nus me font une singulière impression ; la seule arme que je leur vis est un sabre, mais de taille gigantesque.

Nous traversâmes d'abord une grande cour à droite de laquelle s'élevait une petite pagode, puis une tour avec une cloche et, dans le coin à gauche un magasin et quelques bâtiments sans intérêt, plus loin, la salle où l'on rend la justice, la monnaie et, enfin, dominant le tout, la magnifique salle d'audience.

Un officier me conduisit alors par une porte percée dans un mur de brique assez bas, dans le *manh-gaw* ou palais de cristal. Puis, au bas d'un assez haut escalier on m'arrêta pour me prier de retirer mes chaussures. Après une halte de quelques minutes sous un portique, je fus introduit dans la salle d'audience. La pièce était tendue d'étoffe, et, dans le fond, on apercevait, sous un dais, un trône élevé d'un mètre cinquante. Mes présents furent étalés sur quelques sièges devant le trône.

Au bruit d'un roulement de tambour le roi Thibau parut avec une suite de hauts dignitaires. Il s'assit tandis qu'une des concubines royales plaçait devant lui une boîte à bétel en or, un crachoir et un bol d'eau.

Les vêtements du roi étaient simples : une blouse de toile blanche, nous disons blouse, faute d'expression qui rende la coupe spéciale de ce vêtement, avec une ceinture de soie enroulée autour de la taille. Ses oreilles étaient percées d'un trou énorme ce qui ne donnait pas à sa physionomie un air bien intelligent. Lorsque les préparatifs de l'audience furent terminés, le roi, bien que je fusse tout près de lui, prit une lorgnette, m'examina de pied en cap avec une expression indéfinissable, mais où dominaient cependant l'attente et la surprise.

Aussitôt que le secrétaire eut décliné mon nom, ma nationalité et la liste des présents que j'apportais, le roi me demanda avec bienveillance dans quel intérêt je visitais ses états, si c'était comme chargé d'une mission ou comme commerçant, ajoutant qu'il connaissait de longue date la loyauté et la franchise de mes compatriotes et m'assurant de la sympathie qu'il avait toujours eue pour la France.

Thibau me demanda ensuite si je comptais m'établir dans le pays et sur ma réponse négative, il insista, m'offrant une habitation, 800 roupies d'appointements, une femme et un cheval à choisir dans ses écuries.

Je remerciai en souriant légèrement et je l'assurai que si mes affaires m'avaient permis un plus long séjour en Birmanie, je n'aurais pas manqué d'accepter une partie de ces offres si gracieuses et si tentantes. Le roi parut un peu contrarié de mon refus, mais parla aussitôt d'autres choses, m'entretenant de la France et de Paris dont on lui avait raconté les merveilles. Puis, la conversation languissant, il se leva, me salua et se retira.

Pendant mon séjour à Mandalay, je saisis l'occasion de visiter quelques-uns des palais et des temples d'Amarapoura qui, par leurs richesses et leurs dimensions sont au nombre des plus beaux du monde, ainsi qu'en conviennent tous les voyageurs. Fondée en 1783 pour remplacer Ava comme capitale, Amarapoura devint en peu d'années une ville fort importante ainsi qu'en témoigne sa population de 170,000 habitants en 1810. Mais, cette année, précisément, un grand incendie qui détruisit une partie des habitations et des temples, et l'éloignement de la cour en 1819 vinrent arrêter sa prospérité. En 1827, on n'estimait plus sa population qu'à 30,000 individus, sans y comprendre cependant celle des faubourgs qui pouvait être estimée au triple. En 1839, un tremblement de terre a détruit la plus grande partie de la ville ; malgré cela, le major Allan, en 1855, lui donnait encore à peu près la même population.

C'est une ville régulière, aux maisons en bambous, qui était, au temps de sa prospérité, défendue par un rempart et une vaste citadelle carrée avec un bastion à chaque coin et protégée par un large fossé. Il existe encore, comme nous le disions tout à l'heure, un certain nombre de monuments, bien faits pour intéresser le curieux et l'artiste.

Au milieu de quinze temples bouddhiques surmontés de cônes coiffés de sortes de couronnes d'émaux et de pierreries, se dresse un singulier monument. De forme conique, haut de 321 pieds ayant 1130 pieds de circonférence à sa base, il repose sur trente gradins de pierre, en forme de boudin, de deux mètres de diamètre ; puis à partir de 180 pieds jusqu'au sommet, il affecte la forme d'un pain de sucre. La pointe est couronnée par une sorte de chapeau en métal doré et émaillé, d'un fort beau travail, à jour, et parsemé de pierreries, qui, aux rayons du soleil, jettent des feux aveuglants.

Massif et sans chambre intérieure, ce singulier monument est doré de la base au sommet. Chacun des temples qui l'entourent a ses portes, ses autels et sa toiture en bois sculpté ou en métal doré, d'un travail fort riche, très minutieux et d'un goût artistique excellent.

Les groupes qui ornent ces autels, sont, pour la plupart, en marbre blanc de l'Irraouaddy, et leur hauteur varie de un à douze mètres ; j'en ai compté cent cinquante de cette dernière taille. Toutes ces figures sont couvertes d'étoffes de soie magnifiques, d'or et de dentelles. Certaines figures tiennent au-dessus de la tête de Bouddha, de splendides parasols en soie, décorés de broderies d'or fin et chamarrés de pierreries.

Dans chaque temple existe un énorme tronc dans lequel les Birmans viennent déposer leurs offrandes en argent, tandis qu'une armée de prêtres circule de tous côtés, allumant les cierges qu'ils ont bien soin d'éteindre aussitôt que le fidèle est parti, brûlant l'encens ou faisant marcher leurs carrillons de cloches qu'accompagnent les chants plus ou moins justes des novices.

Le palais royal d'Amarapoura habité, depuis l'abandon d'Ava comme capitale, par les souverains de la Birmanie jusqu'au dernier roi qui transporta sa capitale à Mandalay, est d'une incomparable richesse. Dans la grande salle, on admire le trône d'or au paon, qui rivalisait de richesse avec celui des grands Mogols de Delhi.

Ce trône, où siège à de rares intervalles, le roi Thibau, est tout en or, il emprunte la forme de la chaise curule romaine et son dossier est surmonté d'un paon en or, de grandeur naturelle, dont les yeux sont de gros rubis, dont la poitrine est semée d'émeraudes, l'aigrette de gros diamants, les ailes d'innombrables saphirs et d'émeraudes et dont la queue resplendit de l'éclat de toutes ces sortes de pierreries réunies.

Les murs et le plafond de cette salle sont entièrement revêtus de glaces de Venise pour la plupart serties de cadres en bois sculpté et doré, en cuivre, en or, en argent repoussé et émaillé, enrichis de pierreries, de lapis-lazuli, etc. Ces glaces auraient été apportées d'Europe m'a-t-on dit, il y a trois cent cinquante ans environ, et l'on ne saurait assez admirer le goût qui a présidé à l'ornementation de cette salle et l'effet grandiose que produit cette décoration originale dont les palmes et les rinceaux ressortent avec leur garniture de pierreries et de peintures sur émail.

En face d'Amarapoura, s'étalent à perte de vue des plaines désertes, des jongles épaisses parsemées de ruines de minarets effondrés sur lesquels croissent des plantes gigantesques et jusqu'à des arbres ; des débris d'arcs de triomphe, des portes monumentales, des pans de murailles couverts de bas reliefs où courent des chevaux, des éléphants, des guerriers de grandeur naturelle, des ponts chancelants qui conduisent à des forteresses encombrées de fouillis inextricables de buissons, de broussailles et de bambous. Toutes ces salles de palais en ruines où résonnaient autrefois les chants de victoire et les acclamations joyeuses des convives, retentissent aujourd'hui des hurlements et des rugissements des fauves. C'est là tout ce qui reste d'Ava. Hélas! pauvre Ava!

Je mis également à profit mon séjour dans la haute Birmanie pour faire quelques excursions qui me permissent de prendre une idée exacte, bien que sommaire, du pays; c'est ainsi que j'allai visiter les mines de rubis, situées dans le nord de la province d'Ava et que je remontai l'Irraouaddy jusqu'à ces fameuses chutes qui se trouvent à deux journées de Bahmo, au-delà des premiers défilés.

Après avoir franchi les montagnes du Thibet et pénétré en Birmanie, l'Irraouaddy descend de plateaux en plateaux et se trouve, en cet endroit, resserré entre des roches colossales, à travers lesquelles il se fraie un passage et se précipite en une magnifique cataracte qui n'a pas moins de 750 mètres de large sur 550 de hauteur. Au sommet de cette chute, le fleuve s'est creusé un large bassin en forme de lac que dominent des rochers sur l'un desquels, à plus de 80 m. de haut, se dresse un temple qui semble surgir, comme au coup d'une baguette de fée, du milieu des nuages et des embruns, au bruit assourdissant des flots écumeux qui se brisent en tombant.

Ce qui causa en majeure partie la faveur dont je fus l'objet à la cour du roi Thibau, c'est que j'avais apporté avec moi un appareil photographique. Je fus présenté aux deux sœurs du roi qui se montrèrent si joyeuses d'avoir leurs portraits qu'elles me firent faire ceux de leurs maris, de leurs enfants ; et, pour un peu, tout leur personnel, jusqu'au dernier garçon d'écurie, aurait passé devant mon objectif. Mais, au moment où je viens à parler de ces charmantes princesses, je ne puis me rappeler sans tristesse qu'elles ont été massacrées avec leur famille, par ordre de leur frère, ce roi Thibau, le massacreur, ainsi qu'on pourrait l'appeler, s'il ne faisait que suivre l'exemple de tant de souverains orientaux.

S'il est vrai le dicton birman, que « pour faire un roi birman, il faut marcher jusqu'aux genoux dans le sang », il est bien vraiment roi, ce Thibau, qui a jugé à propos de se débarrasser de tous ses parents dans lesquels il voyait des compétiteurs possibles et qui a fait exécuter, avec des raffinements de cruauté, tous ceux qui lui portaient ombrage. Je ne voulus pas quitter la terre classique des exécutions et des supplices sans en voir quelques uns, mais j'avoue avoir emporté de ce spectacle dégoûtant un souvenir d'inexprimable horreur.

Une femme qui avait empoisonné son mari, eut d'abord les poignets coupés, puis les jambes tranchées à la hauteur de la cheville, enfin, on lui abattit la tête d'un coup de hache. Nous sommes un peu plus cléments que cela et le système des circonstances atténuantes, — il y en a toujours dans un cas pareil, — a plus d'une fois soustrait à la mort des coupables endurcis. Nos femmes vont rarement jusque-là, elles se contentent de nous infliger un supplice moins rapide, sinon moins désagréable, — pour ceux qui ne sont pas philosophes, s'entend, supplice qu'elles répètent le plus souvent possible, — le ridicule !

Un homme, j'ignore quel crime il avait commis, fut attaché à un poteau; on lui coupa les paupières et on l'exposa aux ardeurs du soleil jusqu'à ce qu'il perdît la vue.

Un autre, c'était un *dacoit*, pris les armes à la main, fut trempé dans de l'huile bouillante.

Je fus encore témoin d'autres supplices, ceux-là, non-seulement barbares, mais encore trop ignobles et trop monstrueux pour que je puisse les raconter.

En somme, il ne me parut pas que l'échelle des peines fut proportionnée à l'énormité des délits; le châtiment imposé est celui qui passe par l'esprit d'un juge plus ou moins féroce, plus ou moins raffiné dans l'art du tortionnaire et n'est fixé, à ce qu'il me sembla, par aucune disposition d'un code.

Faire aussi peu de cas de la vie de son semblable, n'est pas une marque de civilisation et il faut un singulier degré d'abaissement chez un peuple, une véritable perpétuité d'asservissement pour qu'il puisse non-seulement supporter mais encore se repaître de tels spectacles! *Hodie mihi, cras tibi*, peuvent se dire tous les Birmans, et cette fatalité contre laquelle il n'existe aucun recours, ne semble devoir amener ni progrès ni prospérité.

Comme partout ailleurs, il est des ministres et des courtisans plus royalistes que le roi et désireux de lui attribuer tous les méfaits qu'ils ont commis. Qu'il y prenne garde cependant, le roi Thibau; l'Angleterre n'a pas besoin de bons prétextes pour s'immiscer dans ses affaires. Déjà, à propos des massacres de Mandalay, elle a protesté au nom de l'humanité.

Angleterre, humanité, deux mots qui hurlent de se voir accouplés! L'Angleterre humaine! elle qui risque de répandre le choléra dans l'Europe entière afin de n'imposer aucun retard à ses provenances des Indes!

Plus que jamais, elle a besoin de s'avancer vers les provinces sud-occidentales de la Chine, elle suit d'un œil jaloux nos progrès en Cochinchine, elle s'oppose indirectement à notre établissement au Tonkin, route la plus directe et la plus rapide du Yunnan, elle fera sourdement tout ce qui lui sera possible pour empêcher l'Annam d'être entraîné dans notre orbite. Est-ce donc bien prudent au roi Thibau de nous envoyer une ambassade solennelle pour se tourner vers la France et essayer de nouer avec nous des relations commerciales?

CHAPITRE XV

Je suis nommé inspecteur des carrières. — Mon personnel et mes travaux. — J'ai le bras cassé. — Ma démission. — Ma rentrée en Europe. — Débarquement à Gênes.

J'étais revenu de Mandalay depuis quelques jours seulement, lorsque je fus nommé inspecteur des carrières et j'allai m'installer à Hmaubee, à vingt-cinq milles au nord de Rangoon, sur la ligne du chemin de fer de Prome. De ces carrières étaient extraites des roches granitiques emplyoées à la construction des édifices et dont les menus débris servaient ou à des travaux de remblai, ou à ferrer les routes.

Tout d'abord, on se servait, comme partout ailleurs, de la poudre de mine, mais une compagnie française ayant fait à Rangoon et dans les environs des expériences de dynamite et de lumière électrique, je substituai aussitôt à la poudre le nouveau procédé. Ce fut, je dois le dire, au grand ébahissement de mes ouvriers qui ne se lassaient pas d'admirer la puissance des résultats obtenus et poussaient, dans toutes les langues, les exclamations les plus diverses.

C'est qu'avec des Birmans et des Hindous, j'avais avec moi des Karengs et des Shans, peuplades qui ne se mêlaient pas entre elles et dont les habitations, au lieu d'être groupées autour des nôtres, formaient dans la forêt des centres distincts. Les ouvriers de chaque race avaient pour contre-maître un des leurs qui les appliquait tous ensemble au même travail ; les uns, chargeant les wagons, les autres ne s'occupant que de forer les trous de mine et de déblayer la carrière, ceux-ci conduisant au-dehors les wagons chargés, ceux-là débitant sur place les gros blocs.

Ce mode de division du travail produisait d'excellents résultats, seuls, les Hindous, qui voulaient être plus rapidement débarrassées de la tâche qui leur avait été imposée, jugèrent à propos de changer de place les wagons vides et de ne les mettre qu'en face des tas de pierres voisins de la voie ferrée.

Un jour, au commencement de juin, j'étais sur la

locomotive qui ramenait à la carrière les wagons vides, lorsqu'au détour d'une courbe assez accusée, nous vînmes nous choquer contre une dizaine de wagons que, la veille, nous avions garés à un autre endroit. Le mécanicien eut beau renverser la vapeur, comme nous n'avions pas de freins à arrêt instantané, la collision se produisit. Pour moi, je sautai en bas de la locomotive, mais la vitesse avec laquelle nous marchions, me projeta sans que j'aie pu le prévoir, dans un fossé nouvellement ouvert et je ressentis, en tombant sur l'épaule, une douleur terrible. En peu de temps le bras enfla considérablement, les articulations se refusèrent à tout fonctionnement; il y avait évidemment autre chose qu'une contusion.

On télégraphia aussitôt à Rangoon et, le lendemain je recevais la visite d'un jeune Birman élève en médecine et en chirurgie de Rangoon qui me rassusa sur ma situation. « Ce ne sera rien me dit-il, il faut du repos et des frictions d'alcool camphré, ce n'est qu'une forte foulure. »

Au bout de quinze jours passés au milieu de douleurs atroces, j'appelle alors un autre médecin qui m'ordonne un vésicatoire. Au lieu d'un, j'en mets deux, un sur l'épaule, l'autre au dessous, sur le bras, et je continue mon service, me rendant tous les matins à la prochaine station éloignée de dix milles et de là à la carrière qui est encore à trois milles plus loin. Là, je surveille mes travaux comme auparavant, me tenant à côté du fourneau de la locomotive, pour sécher et réchauffer mon épaule, car je suis, du matin au soir exposé à la pluie et à la mousson du sud-ouest.

Cette humidité persistante, ces alternatives de froid et de chaud sont loin d'améliorer mon état, aussi, lorsque le médecin revient me voir, il m'avoue que le mal empire et qu'il est à bout de science. Vous n'avez plus me dit-il, qu'à aller montrer votre bras au docteur Griffith, le chirurgien anglais de l'hôpital de Rangoon.

Celui-ci m'examina le 1er juillet et conclut en m'annonçant que j'avais le bras cassé en deux endroits; il m'ordonne le repos le plus absolu et exige que je porte constamment le bras en écharpe.

Je touche deux mots de ma situation à l'ingénieur en chef qui m'offre un abri dans ses bureaux et me donne à étudier les plans des ponts, stations, hangars et autres travaux qu'on entreprendra, la saison prochaine, pour le chemin de fer de la vallée du Tsittang.

Cependant, mon état loin de s'améliorer, s'aggrave; mon bras maigrit, se flétrit et je retourne, le 15, voir le docteur Griffith. Celui-ci ne me cache pas que si je veux pas perdre le bras, il me faut cesser toute occupation active et retourner en Europe.

Il y avait deux ou trois jours que je venais de recevoir du major Gower, préfet de la province de Shwégyeng, ma nomination d'ingénieur de cette ville et j'avais aussitôt répondu par une lettre d'acceptation et de remerciment.

Que faire ? Le docteur Griffith avait été si affirmatif dans son diagnostic que je n'avais pas à hésiter : il me fallait partir. Je prévins aussitôt le major Gower et je pris rapidement mes dispositions. Je me rendis sur le port, cherchant quelque navire en partance, mais la saison d'exportation du riz était terminée et je ne trouve qu'un bâtiment dont le capitaine me demanda mille roupies pour me conduire en Angleterre. Pendant trois heures exposé à une pluie torrentielle, je poursuis ma recherche. Le lendemain, je tombe enfin sur un capitaine plus traitable, avec son chargement il emporte déjà trois passagers, le capitaine d'un navire italien dernièrement brulé dans le port de Rangoon, un négociant et un inspecteur des phares.

Le marché conclu, je fais à la hâte mes adieux aux nombreuses personnes que je connais à Rangoon, je boucle ma valise, me voilà parti pour l'Europe.

Bien malin celui qui, il y a trois mois, m'eut prédit mon départ ! Il faut une circonstance aussi impérieuse pour que je quitte ainsi, brusquement, un pays où je n'ai rencontré partout qu'un accueil empressé, une bienveillance générale, dont je garderai le meilleur souvenir.

Nous descendons la rivière, la séparation n'est pas brusque, on a, pour ainsi dire, le temps de s'y habituer avant de voir s'enfoncer sous l'horizon les basses terres de la Birmanie.

Notre bâtiment, l'*Aristide*, est un vapeur à double hélice de deux cents chevaux, tout en acier ; il emporte 2.400 tonnes de riz de première qualité qu'il devra débarquer à...., le télégraphe lui désignera la localité. Pas n'est besoin de décrire la vie à bord, non plus que les escales de l'*Aristide*.

En pénétrant sur la rade de Pointe de Galle à Ceylan, nous sommes surpris à la vue d'une masse sombre sur laquelle avec un bruit semblable à un glas funèbre, viennent déferler les vagues écumeuses. C'est un grand navire en fer qui, venu l'année précédente charger de l'huile de coco, a capoté dans la rade, même. Un chaland dans lequel était entassées une cinquantaine de bombonnes pleines d'huile était venu s'élonger bord à bord avec le navire et, au moyen d'un boute-hors fixé à la grande vergue, on commençait à puiser les bonbonnes dans le chaland pour les embarquer, dans le navire, lorsqu'une brusque rafale s'abattit sur les deux bâtiments, fit perdre l'équilibre au navire qui n'avait aucun lest dans la cale, le renversa la quille en l'air et, du même coup fit couler à fond le chaland et une cinquantaine de matelots employés à la manœuvre.

A Pointe de Galle, nous apprenons que le choléra sévit à Aden, et nous prenons nos précautions en conséquence. Au moment où nous dérapions, vingt quatre heures après notre arrivée, un magnifique bâtiment des messageries, le *Saghalien*, qui venait de Chine, entrait dans le port. Ce ne fut pas sans émotion que je saluai le drapeau tricolore que je n'avais pas vu depuis plusieurs années.

Treize jours après notre départ de Ceylan, nous passons en vue d'Aden, bientôt, nous doublons l'île de

Périm et nous rencontrons à l'entrée de la mer Rouge plusieurs bâtiments qui, comme nous, ont brûlé Aden sans y faire de charbon. Un beau clipper américain qui semble de notre tonnage, parait vouloir lutter de vitesse avec nous, mais nous l'avons bien vite dépassé. Un peu plus loin, sur la côte d'Afrique, nous apercevons deux forts bâtiments de 3 à 4.000 tonneaux qui se sont échoués sur cette côte inhospitalière, privée de phares et dont les habitants sont d'acharnés pilleurs d'épaves.

Enfin, nous jetons l'ancre sur la rade de Suez et prenons nos dispositions pour pénétrer dans le canal. C'est que personne n'y peut entrer avant son tour et que l'ordre est exactement imposé à tous les navires, de quelque force qu'ils soient, à quelque nationalité qu'ils appartiennent. Nous entrons dans le canal à la file indienne ; c'est un bel et majestueux spectacle, surtout lorsque nous traversons les lacs Amers, que cette longue file de grands steamers aux pavillons de toute couleur dont quelques uns transportent jusqu'à 10.000 tonneaux de marchandises. Voilà des régates autrement imposantes, autrement intéressantes que les fêtes nautiques qu'on donne à époques fixes dans nos ports, le prix de la lutte vaut la peine d'être couru et celui qui le premier débarquera sa cargaison de thé ou de riz sur les marchés d'Europe la verra autrement payée que celle de ses concurrents moins heureux.

A Suez, par le télégraphe, nous apprenons que notre chargement est vendu et doit être livré à Gênes. En route pour Gênes !

Trente-six heures après notre entrée dans le canal, nous arrivons à Port-Saïd, un mois, jour pour jour, depuis notre départ de Rangoon; nous n'y séjournons que trois heures, juste le temps de faire du charbon. A la lueur puissante d'un beau phare, nous entrons enfin dans la Méditerranée, cette mer qui sépara jadis, qui réunit aujourd'hui, grâce à la facilité actuelle des communications, trois continents bien dissemblables de mœurs, de caractère et de civilisation.

Le 4 septembre, nous passons entre Reggio et Messine, tout étonnés des beaux vignobles de la Calabre et des maisons blanches à volets verts qui, à demi-cachées dans les bois, nous rappellent les environs de Paris. Nous passons devant Stromboli au sol tremblant, dont les habitants paraissent insouciants du danger qui les menace perpétuellement. Le 6, nous sommes en vue de Caprera, nous rangeons l'île d'assez près pour distinguer la maison de Garibaldi; notre capitaine fait saluer le grand patriote à l'égal d'un souverain. Et moi aussi, j'ai combattu pour l'indépendance de l'Italie, mais depuis ces temps heureux de ma prime jeunesse, que de deuils en moi et autour de moi!

Trente-six jours après mon embarquement sur l'*Aristide*, je descends à Gênes, et, pendant près de deux mois, je reste en Italie, cherchant dans ce climat méridional, moins extrême que celui que je viens de quitter, un adoucissement à mes douleurs, un acclimatement avant de rentrer en France. Qu'il me tardait pourtant de te revoir, patrie bien-aimée, après huit ans d'exil volontaire! A Gênes, à Turin, à Milan, à Florence, j'entendais parler ma langue, il est vrai en me désignant, on disait bien : c'est un Français ! Mais il ne me semblait pas que je fusse Français, je me sentais devenu à demi-indien, étranger à mon propre pays; tout me paraissait nouveau : mœurs, habitudes, manières de parler, de penser même. Pendant tant d'années, j'avais parlé l'Anglais, l'Italien, l'Espagnol, l'Hindoustani, le Birman, que les expressions françaises ne me venaient plus et que j'étais souvent obligé de chercher en moi-même la signification de tel ou tel mot. La France, si longtemps ne m'était apparue que comme un mirage lointain et indistinct et j'allais y rentrer !

Les premiers soldats que j'aperçus à Chambéry, alors que clairons et officiers en tête ils rentraient des grandes manœuvres, me donnèrent une sensation que je ne puis comparer qu'à celle qu'éprouverait un aveugle par accident, à qui l'on rendrait la vue.

Enfin voilà Paris, c'est là que je suis venu me retremper après chacun de mes grands voyages. Encore une fois je viens y faire halte en attendant de nouvelles excursions, de nouveaux travaux. Que mon absence, cette fois, ne soit pas d'aussi longue durée, je le souhaite. Je ne veux pas, comme ces Européens qui n'ont pas vu leur patrie depuis trente ou quarante ans, devenir étranger à sa vie, à ses joies, à ses tristesses, je veux rester bien réellement Français !

CHAPITRE XVI

Les anciens temps en Birmanie. — Vieilles légendes. — La série des capitales. — Les premiers rapports avec les Européens. — Conquête du pays par Along-Phra.— Déloyauté de la Compagnie.—Le capitaine Symes. — La première guerre et le traité de Yandabo. —Tharawaddy onde Amarapoura. — Paghan-Mheng. — Deuxième guerre; prise de Rangoon. — Les rapports de Meng-doon-Mheng avec les Anglais. — Ce qu'il faut penser du roi Thibau.

Après cette description rapide des ressources du pays, à laquelle j'ai mêlé le récit d'un petit nombre d'incidents personnels, il me paraît naturel de jeter un regard en arrière, d'embrasser l'histoire de la Birmanie, d'appuyer sur les rapports qu'à différentes reprises nous avons entretenus avec son gouvernement, d'envisager enfin la situation que les conquêtes de l'Angleterre lui ont faite.

A son origine, l'histoire de tous les peuples se confond avec le merveilleux, soit que, dans son orgueil, l'homme cherche à se rapprocher des dieux, soit que l'éloignement aidant, il transforme de bonne foi et poétise des événements pourtant bien simples et bien ordinaires. C'est une loi de nature; un pays d'Orient, comme la Birmanie, n'y pouvait manquer.

Faire la part de l'histoire dans le fouillis inextricable des mythes, des légendes et des fictions dont se compose l'histoire primitive de ce peuple, n'a pas été chose facile, nombre d'écrivains ont passé de longues années à *déchiffrer le chaos de ses vieux romanciers*, nous profiterons donc des travaux de Crawfurd, de Phayre et de tant d'autres, tout en les résumant en quelques pages.

L'*Histoire royale* ne fait remonter qu'au dixième siécle, avant Jésus-Christ, la fondation du royaume de Burma. Il faut lui savoir gré d'être si réservée, car elle aurait pu, sans grande chance d'être contredite, en reculer la date jusqu'aux origines du monde.

Ce que nous savons de plus certain, c'est qu'il faut fixer à une époque voisine de l'invasion de l'Inde par Alexandre le Grand, l'introduction du Bouddhisme dans la vallée de l'Irraouaddy. Il existe une légende précieuse pour les géologues, car elle fixe d'une façon approximative l'époque où l'Océan recouvrait encore en partie le riche delta du fleuve :

Deux frères avaient élevé un monastère à Tsa-gaing, sur un affluent de l'Irraouaddy, et y vivaient pieusement, lorsque Gautama, instruit de leur vie exemplaire, leur fit la gracieuseté de les visiter, porté sur l'aile des vents. Ce mode de locomotion rapide qui n'était pas encore à la disposition des mortels, devait sans doute leur prouver la divinité du voyageur. Le pays plut, il faut croire, à Bouddha, car il fit de nombreuses excursions dans le voisinage, et se laissa même emporter, au fil de l'eau, sur l'Irraouaddy jusqu'à l'endroit où devait s'élever plus tard, la ville de Prome. Là, du haut des collines qui dominent aujourd'hui la plaine immense, le Dieu put contempler l'infini de la mer dont la voix puissante semblait s'apaiser pour lui rendre hommage.

Certains auteurs affirment que le Burma fut un

royaume puissant qui, pendant près de 2000 ans, aurait vécu sans histoire. Il est bien plus probable qu'il s'est passé sur les bords de l'Irraouaddy, ce dont nous avons été témoins partout ailleurs et que les petites principautés, que des roitelets s'étaient taillées dans la contrée, furent soumises et absorbées par quelque grand conquérant à la main de fer.

A Tayoung, la plus ancienne capitale du pays, aurait succédé Prome « *La place Bénie* » fondée peu de temps après la mort de Boudda. Vers l'an 107 de notre ère, une révolution, sur laquelle les détails nous font défaut, amena la ruine de cet empire et une nouvelle capitale fut fondée à Pagan.

Deux cent ans plus tard, le bouldhisme aurait été introduit dans cette partie de la contrée, ou, ce qui est plus vraisemblable, une réforme fut faite dans le corps des doctrines en usage en Birmanie, à la suite du voyage d'un certain Bouddagsha à Ceylan, la patrie du Bouddhisme.

Au XIVe siècle, Pagan est abandonné pour Panyia, ville située dans l'intérieur des terres, non loin d'Ava. Dès cette époque, l'histoire prend une certitude qui lui a fait défaut jusqu'alors et les dates une précision qu'on regrette de n'avoir pas rencontrée plus tôt.

Le pays avait eu jusqu'alors bien des capitales, la liste est cependant loin d'être épuisée et nous verrons Sagain, Ava, Amarapoura, Mandalay se succéder encore, au grand regret des historiens et des archéologues qui n'y peuvent trouver de documents sur l'histoire artistique de la Birmanie.

Au XVIe siècle, les Birmans conquirent le Pégu et cent cinquante ans plus tard, par un retour de fortune inespéré, les Péguans s'emparèrent d'Ava qu'ils ruinèrent et se rendirent maîtres de toute la Birmanie.

Cinquante ans après, Along-phra fut le libérateur de son peuple. Cet homme d'humble condition sut s'élever au poste de gouverneur de Mout-Chobo et c'est de cette ville qu'il partit à la tête d'un petit nombre de partisans, pour la conquête d'Ava, du Pégu dont il ruina la capitale, de Martaban, de Tavoy et de toute la contrée. Jusqu'à la fin du XVIIIe, siècle, c'est l'époque de la plus grande prospérité, de la splendeur du royaume d'Ava; la décadence allait rapidement se produire.

Il nous faut, pour en expliquer les causes, remonter un peu plus loin et passer en revue les rapports de ce pays avec les Européens. Le premier voyageur chez lequel nous trouvions mention de la Birmanie, c'est Marco Polo, mais il en parle en termes si vagues qu'il n'a pas dû visiter ce qu'il appelle le royaume de Myen.

Vers 1430, c'est le vénitien Nicolo de' Conti[1] qui, durant ses grandes courses à travers l'Asie méridionale, pénètre dans l'Arakan et visite une ville que Phayre croit être Ta-htoon. Après lui viennent le russe Athanasius Nikitin, le génois Hiéronymo de san Stefano, Ludovico Barthema de Bologne et enfin le Portugais

---

(1) Voir : Vincenzo Bellemo — I viaggi di Nicolo de' Conti... — Milano, Brigola, 1883, in-12.

Ruy Nuñes d'Acunha, envoyé d'Albuquerque au XVIe siècle. Les relations entamées par ce dernier devaient être continuées par Giov. da Silvera et par Antonio Correa, qui allait conclure à Martaban un traité de commerce avec le roi de Pégu.

Tous ces voyageurs sont d'accord pour vanter la richesse et la prospérité de la Birmanie, la puissance de son roi et la magnificence de ses temples et de ses palais. Mais hélas ! c'est justement cette opulence du pays, ce sont et le luxe oriental de ses princes et la variété des produits du sol qui vont éveiller la cupidité des Européens, les exiter à fomenter les troubles, les révoltes, à prendre parti dans les luttes intestines qui doivent porter la dévastation et la ruine dans cette luxuriante contrée !

C'est ce qui se passe durant tout le XVIe siècle, c'est ce qui va se reproduire au XVIIIe, époque où nous voyons pour la première fois les Anglais paraître dans le pays !

Si, à cette époque, Along-phra parvient à soumettre à ses armes le Pégu et le littoral du Tenasserim et de Martaban, il n'y réussit que grâce à l'appui des Anglais, qui, en échange des secours qu'ils lui ont fournis, se font concéder des terrains et des factories à Négrais et à Bassein. Dès lors ils ont un pied dans le pays, ils ne l'abandonneront plus.

Les démêlés incessants des Birmans et des indigènes du Manipour fournissent bientôt aux Anglais tous les prétextes désirables d'intervention dont ils comptaient à chaque fois tirer un parti plus avantageux.

La conquête de l'Arakan, en rendant les Birmans voisins du territoire soumis à l'Angleterre, n'était pas pour améliorer leur situation, bien au contraire. Cette victoire était le prélude de leur désastre, cette élévation la préface de leur abaissement.

Un certain nombre de seigneurs appartenant à la race vaincue ont cherché un refuge sur le territoire britanique, ils y organisent des bandes et font des incursions sur le territoire birman ; le roi se plaint, il proteste, tout est inutile, il franchit alors la Naaf et poursuit jusque dans le pays soumis aux Anglais ses insaisissables ennemis.

On croit peut être qu'une collision va se produire avec les troupes de la Compagnie ? Non pas, pour les Anglais le fruit n'est pas mûr encore, ils se garderont bien de le cueillir.

Au lieu d'une bataille, c'est une entrevue amicale qui a lieu avec le général Erskine et celui-ci mettant à profit les leçons de politique temporisatrice et dilatoire que les Birmans lui ont tant de fois et si libéralement données, il promet de faire une enquête et de remettre les coupables entre les mains des Birmans aussitôt que ceux-ci auront quitté le territoire britanique.

« Ah ! le bon billet qu'à La Châtre ! »

En 1795, afin de rendre plus étroits les liens d'affection, résultat des politesses échangées l'année précédente, le capitaine Symes est envoyé en mission à Amarapoura. Mais les Birmans ne se laissent pas tromper. Ce *bloc enfariné* ne leur dit rien qui vaille, tous, à l'envi, petits fonctionnaires, gouverneurs, viceroi, accablent l'envoyé de dégoûts et d'insolences. Il leur oppose un front d'airain et continue son chemin sans s'émouvoir, sans se laisser emporter. Il arrive à la cour et, suprême dérision, le roi ne le reçoit que le jour où l'on demande pardon. « beg pardon day » ce qui permet de le faire passer aux yeux du peuple, pour quelque tributaire qui vient rendre hommage et demander grâce pour les offenses qu'il a commises.

Malgré tout, et bien que nous ne connaissions pas au juste la nature des instructions qui avaient été données au capitaine Symes, il avait obtenu ce résultat. l'établissement d'un consulat anglais à Rangoon, concession sans importance aux yeux des Birmans, mais dont les Anglais allaient faire le point de départ de nouvelles réclamations.

En 1802, 1808, 1809, nouvelles plaintes, nouvelles missions.

En 1817, afin de se créer un appui contre les Anglais, le roi Mentharaghiphra, cinquième successeur d'Along-phra essaie de conclure un traité d'alliance avec le roi de Lahore; en 1818, avec les Mahrates.

En revanche, l'année suivante, les Anglais secourent le roi de Manipour révolté et prêtent leur aide à Chandra Khan, souverain de l'Assam, procédés peu amicaux qui amènent, de la part des Birmans, des représailles et des collisions.

La guerre est enfin déclarée le 5 mars 1824 au roi Hpa-gyee-daw. L'Assam, Rangoon, Cheduba, Negrais, Tavoy, Martaban, Pegu, Mergui, sont pris sans grande résistance, sauf la dernière de ces villes qu'il faut enlever d'assaut. L'année suivante c'est le tour d'Arakan, de Ramree, de Sandoway et de Prome et le général Campbell marche sur la capitale, lorsqu'il reçoit des propositions de paix et un traité est signé le 24 février 1826 à Yandabo.

Si cette guerre venait de coûter plus de cinq millions sterling à l'Angleterre, elle lui procurait des avantages considérables : Interdiction à la Birmanie de se mêler dorénavant des affaires de l'Assam, du Manipour et du Catchar, provinces jusqu'alors considérées par elle comme vassales, cession de l'Arakan jusqu'au Salouen, indemnité d'un million de roupies, signature d'un traité de commerce, résidence permanente d'un agent anglais dans la capitale. La Birmanie était, de fait, placée désormais sous la surveillance de l'Angleterre.

Après nombre de pourparlers et d'intrigues, le major Burney fut, en 1830, envoyé comme résident à Amarapoura. Nous ne dirons pas les dégoûts dont il fut abreuvé pendant cette mission, nous rappellerons seulement qu'il fut sur le point d'abandonner la partie parce qu'on voulait le contraindre à *quitter ses souliers à la porte du Palais* et qu'on prétendait ne le recevoir qu'un jour de pardon.

En 1831, le roi Hpa-gyee-daw devint fou et un conseil de régence fut institué. Il se composait du frère du roi, le prince Tharrawaddy, son vrai nom était Koon-Boung-Mheng, du beau-frère du roi, Meng-tha-gyee, deux autres grands dignitaires et de la reine, femme avide et intrigante, qui abreuva Tharawaddy de vexations et d'outrages. Ce ne fut qu'en 1837 que ce dernier leva l'étendard de la révolte, non pas contre son frère, dont il n'avait reçu que des bienfaits et auquel il laissa la vie, mais contre Meng-tha-gyee, l'ancien marchand de poisson et contre sa sœur la *sorcière* comme on appelait la reine. Il n'eut pas de peine à s'emparer du pouvoir.

Pendant toute la durée de son règne, Tharawaddy n'entretint avec le major Burney et avec les résidents ses successeurs que des relations au milieu desquelles la cordialité brillait par son absence; il se refusait à reconnaître le traité de Yandabo et ne prétendait entrer en relations diplomatiques qu'avec son égal, le roi d'Angleterre et non pas avec le gouverneur général de l'Inde.

Tharawaddy avait pris en horreur la ville d'Ava, où il avait passé de si tristes années avant de s'emparer du pouvoir, aussi, transporta-t-il le siège de son empire à Amarapoura. A la suite d'un voyage qu'il avait fait à Rangoon, à la tête de forces considérables, — ce qui n'avait pas été sans inquiéter l'Angleterre, — voyage pendant lequel il avait fait réparer la pagode Shwé-Dagoon, pour laquelle il avait fait couler une énorme cloche, Tharawaddy s'assombrit et sa cruauté prit un caractère de férocité voisin de la folie. C'est ainsi qu'il se plaisait à faire agenouiller ceux qui se présentaient devant lui et à leur taillader le dos, avec son sabre, en forme d'échiquier. En même temps il le dégoutait de sa nouvelle capitale et allait vivre dans un palais qu'il avait fait construire sur le Ma-de, sur l'emplacement de Mandalay.

En 1845, un des fils de Tharawaddy s'empara du pouvoir, relégua son père dans une étroite prison, pas assez bien gardée cependant, pour que le souverain détrôné ne recouvrât sa liberté et ne forçât son fils à se réfugier dans les états Shans. L'année suivante, un autre de ses fils, le prince de Taroop-maw le retint en prison jusqu'à sa mort qui arriva en 1846; on assure que Koon-boung Mheng fut frappé de la foudre dans son propre palais.

A peine Tharawaddy fut-il mort, que son fils ainé le prince de Pagan ou Paghan-Mheng, qui avait pris les rênes du gouvernement, fut proclamé roi. Le nouveau souverain commença par envoyer au supplice le prince de Taroop-Maw et toute sa famille au nombre de plusieurs centaines de personnes. Poussé par deux musulmans, dont il avait fait ses conseillers toujours écoutés, il prononçait la peine capitale contre ses sujets avec une telle facilité qu'en moins de deux ans, plus de six mille individus avaient péri dans les plus atroces supplices. Le mécontentement devint général et il commençait à revêtir ces formes hardies qui sont le présage d'une révolution, lorsque le roi jugea à propos d'immoler ses conseillers à sa sécurité, il les renvoya et trois jours après il les fit décapiter.

On pense bien que le souverain qui s'engage dans cette voie, trouve toujours parmi ses ministres ou ses subordonnés quelque imitateur qui ne tarde pas à se montrer plus royaliste encore. L'un de ses émules les plus acharnés fut le vice-roi du Pegu dont les crimes et les exécutions soulevèrent plus d'une fois les réclamations indignées des Anglais.

Que ces actes soient commis sur des indigènes, peu importe! mais qu'on s'adresse à des sujets ou à des protégés de la fière Albion, halte-là!

En 1851, un commerçant anglais ayant été violemment molesté et un de ses compatriotes ayant été arrêté pour un meurtre qu'il n'avait pas commis, maintenu en prison jusqu'à ce que les résidents anglais établis dans la ville eussent fourni caution, forcé, par deux fois, de payer l'amende bien qu'acquitté, lord Dalhousie accueillit leurs plaintes et fit valoir leurs réclamations et leur demande d'indemnité avec sa vigueur habituelle.

Une escadre porta à Rangoon une note comminatoire dans laquelle lord Dalhousie, après avoir énuméré les innombrables infractions faites au traité de Yandabo, les actes arbitraires et oppressifs, les extorsions éhontées du gouverneur birman, demandait au roi la révocation de ce fonctionnaire ainsi qu'une indemnité considérable.

La réponse fut dilatoire, selon l'habitude.

Voyant qu'il ne pouvait recevoir satisfaction, lord Dalhousie fit ses préparatifs d'expédition et envoya un dernier ultimatum au roi de Birmanie. Celui-ci ne s'attendait pas à une déclaration de guerre, l'arménien Sarkies et le missionnaire américain Price l'ayant assuré que la dernière expédition avait coûté si cher au gouvernement de l'Inde, que l'Angleterre ne se déterminerait qu'à la dernière extrémité à déclarer la guerre. Pas de troupes, pas d'argent; la résistance semblait impossible, et, de fait, elle ne fut guère sérieuse. Les attaques succédèrent aux attaques sans permettre au roi de Birmanie de réunir des troupes, les états Shans ayant refusé positivement de se joindre à lui ainsi que les Talaings; quant aux Birmans du sud, ils firent cause commune avec les envahisseurs.

Le général Godwin qui avait pris part à la première guerre fut mis à la tête du corps expéditionnaire et reçut les pouvoirs nécessaires pour traiter.

Le 2 avril, la flotte anglaise arrivait à l'embouchure de la rivière de Rangoon et trois jours plus tard Maulmein tombait entre les mains des envahisseurs qui ne perdaient que trois hommes.

La résistance fut plus sérieuse à Rangoon. La flotte de guerre portant un corps de débarquement, arriva le 11 devant la ville où elle fut aussitôt saluée par un feu violent parti des deux rives de l'Irraouaddy. Les bâtiments ripostèrent, détruisirent en partie et rendirent intenable un retranchement élevé sur le bord de la rivière, ce qui permit à un détachement d'infanterie et de matelots de prendre terre et de s'emparer de quelques positions solides destinées à protéger le débarquement général du lendemain.

A peine les troupes avaient-elles accosté, le 12 avril, qu'elles furent accueillies par un feu violent de grosses pièces d'artillerie, tandis qu'à la surprise générale, des partis de tirailleurs venaient harceler les flancs de la colonne. On gagnait du terrain et l'on se préparait à former les colonnes d'assaut, lorsque le général Godwin fut informé que les grosses pièces ne pouvaient être encore débarquées. Il faisait une chaleur épouvantable, plusieurs officiers et nombre de soldats étaient frappés d'insolation, on résolut de remettre l'attaque principale au lendemain.

Les Birmans avaient fait des préparatifs véritablement formidables pour repousser les Anglais et une centaine de canons défendaient la face sud de la ville, face à laquelle menait une belle route venant de la rivière. Averti des obstacles qu'il allait rencontrer, le général Godwin résolut de tourner la position et, avec dix canons et un fort détachement de troupes, il s'avança vers la face orientale de la ville. Les grosses pièces qu'il attendait ayant été mises en batterie, malgré le feu violent des troupes birmanes, jetèrent le désordre parmi les défenseurs de la grande pagode.

A ce moment une colonne d'assaut sous les ordres du major Lockhardt est lancée. Sous un feu violent qui éclaircit singulièrement ses rangs, elle traverse un espace de 800 mètres avant d'atteindre le pied des escaliers de la pagode dont elle s'empare après une assez vive résistance. Les Birmans se sauvent par les portes du nord et de l'ouest, mais ceux qui prennent cette dernière direction sont décimés par le feu des navires embossés devant la ville.

Les pertes des Anglais étaient relativement sérieuses: trois officiers tués et treize blessés; 115 sous-officiers et soldats tués et autant de blessés : les pertes de la flotte étaient insignifiantes : une trentaine d'hommes tués ou blessés.

La campagne se poursuivit sans incident digne de remarque; en moins de cinq mois, tout le pays jusqu'à Prome tomba au pouvoir des Anglais étrangement favorisés dans leur entreprise par la désaffection des indigènes pour un gouvernement qui ne savait que les exploiter, les pressurer, les massacrer et non les défendre.

« Les Birmans, disait lord Dalhousie dans une dépêche officielle, ont fait preuve d'un manque absolu d'esprit d'entreprise, de courage, de puissance et de ressources. Des forces imposantes se retirent à la simple vue d'un steamer ou de quelques Européens qui descendent à terre.... »

Malgré ses échecs successifs, le roi de Birmanie n'avait encore fait aucune ouverture pour traiter et l'on ne voyait pas bien quelle serait l'issue de la campagne, les Anglais n'ayant pas assez de forces pour garder tout le pays dont ils s'étaient emparés, lorsqu'à la fin de l'année 1852, on apprit que toutes les troupes birmanes se retiraient et remontaient en hâte vers Amarapoura.

Voici ce qui s'était passé : Deux frères utérins de Pagan-meng s'étaient révoltés. Enhardis par l'opinion publique qui voyait avec peine la continuation d'une guerre désastreuse, ils n'avaient pas tardé à réunir un nombre d'adhérents assez respectable, non-seulement pour battre les forces envoyées contre eux, mais encore pour marcher sur la capitale.

Le 1ᵉʳ juin 1853, ils étaient devant les murs d'Amarapoura et ils ne tardèrent pas à s'en emparer. Le sang coula comme de l'eau; mais le prince Meng-doon-meng, qui fut porté au pouvoir suprême, n'eut pas connaissance de toutes les horreurs commises en son nom.

Bouddhiste fervent, il ne se montra pas cruel, il se contenta de reléguer Pagan-Meng loin de lui, avec une petite cour, et de l'entourer de tout le respect possible. Meng-doon-Meng s'était montré opposé à la guerre dès le commencement, et il désirait la paix, mais il ne voulut jamais traiter avec les Anglais. Si ceux-ci s'étaient emparés par la force du Pegu, il ne consentirait jamais, disait-il, à apposer sa signature au bas d'un traité qui constatait la déchéance et la diminution de la Birmanie.

Aussi, les Anglais sont-ils restés possesseurs des provinces dont-ils s'étaient emparés. Amarapoura, à la suite de la guerre désastreuse de 1853, était devenue une ville de *honte et de malheur*; comme avant elle, Ava, elle allait être abandonnée et le rang de capitale donné à Mandalay, ville nouvelle, élevée à dix kilomètres plus au nord.

Quant à Meng-doon-Meng, il a vu, comme ses prédécesseurs, son règne troublé par les menées de l'Angleterre. Son frère Ein-shé-Meng, ennemi juré de l'Angleterre, fut en 1866 égorgé dans son palais par des conjurés à la tête desquels se trouvait un de ses propres fils qui avait été circonvenu par le Dʳ Williams, le résident anglais à Mandalay; la ville fut brûlée, et une guerre fratricide prouva aux Birmans qu'ils n'avaient plus désormais, qu'à s'incliner devant les exigences de la *perfide Albion*.

Mais c'est là l'évènement le plus important d'un règne qui s'est terminé au mois d'octobre 1878 par la mort d'un des meilleurs souverains qu'ait eus la Birmanie depuis le commencement du siècle.

Thibau, son successeur, a suivi la politique en usage, il a fait mettre à mort la plus grande partie de sa famille et nombre de personnages qui, par leurs qualités personnelles, leur influence ou leurs relations lui portaient ombrage. Sœurs, oncles, neveux ou cousins tout a été massacré sans distinction d'âge ou de sexe. On dit que Thibau, s'adonne aux liqueurs fortes et que l'abus des spiritueux a terriblement ébranlé sa raison; il faudrait même attribuer à des crises de folie furieuse les massacres dont il se donne quelquefois le spectacle. Je n'en sais rien et cela est possible, mais les Anglais ont tant d'intérêt à calomnier ce souverain, à présenter sous des couleurs odieuses un homme qu'ils rêvent de dépouiller, qu'il me paraît plus sage de ne croire qu'à demi ce qu'on raconte. Débarasser la Birmanie d'un tyran ivrogne et cruel qui pille et égorge ses sujets, ce serait un beau rôle, si l'annexion du pays ne formait le revers de la médaille !

Il faut croire cependant que Thibau n'est pas aveugle. Il n'a pu voir sans être violemment irrité les tentatives que les Anglais ont faites pour se frayer au travers de son territoire une route vers les provinces méridionales de la Chine et il sait fort bien qu'à un moment donné ses puissants voisins lui chercheront querelle pour s'emparer de ses états.

Au moment où nous écrivons une ambassade birmane vient d'arriver en France pour négocier avec nous un traité de commerce qui ne peut-être que très avantageux aux deux parties.

Faut-il voir dans cette ambassade le désir du gouvernement de la Birmanie d'entamer avec nous des relations cordiales et demander notre protectorat?

Mais avant de clore ce chapitre sur la Birmanie, il est bon de rappeler l'opinion de M. d'Avera. (1) La situation qu'il a occupée à Mandalay, son long séjour dans la contrée, lui ont permis d'acquérir une compétence bien rare chez les Européens pour tout ce qui touche le pays qui nous occupe. Dans la rapide notice qu'il a consacrée à la Birmanie, M. d'Avera explique comment le rendement de cette colonie est encore très satisfaisant malgré les entorses données par les derniers gouverneurs au système d'administration inauguré par sir A. Phayre. M. d'Avera estime que la population n'envisage plus avec la même satisfaction le gouvernement anglais; il a constaté chez les indigènes une désaffection sensible et il l'explique par l'augmentation continue des impôts dont le surplus, loin d'être employé à des travaux d'établissement de routes et de canaux dans le pays, ne fait que disparaître sans laisser de trace dans l'abîme du déficit annuel de l'Inde an-

---

(1) Voir Bulletin de la Société Indo-Chinoise. Année 1881 p. 51.

glaise. Si M. d'Avéra a vu juste, il peut y avoir dans ce fait pour le gouvernement métropolitain le germe de complications futures.

CHAPITRE XVII

Le royaume de Siam ; sa population ; et ses produits. — Notre établissement à Syriam dans la Birmanie. — Nos relations avec le royaume de Siam. — Prise de possession de Bankok et de Mergui. — Fin prématurée de notre colonie. — L'évêque d'Adran et ses projets. — Le traité de 1787 et la cession de Tourane — Le pouvoir d'une femme irritée. — Ce que devinrent le roi de Cochinchine et l'évêque d'Adran. — Notre établissement en Cochinchine. — Le Tonkin.

Par compensation, à l'heure présente, l'influence anglaise paraît puissante à Bankok. Cela tient à des causes multiples qu'il serait trop long de rechercher, mais au nombre desquelles on peut cependant noter la suppression de l'envoi en France de jeunes Siamois qui rapportaient dans leur patrie, avec le fruit des études spéciales qu'ils font aujourd'hui en Angleterre, une connaissance plus approfondie de notre caractère et de notre loyauté. Rien de plus malheureux que l'affaiblissement de ces relations. Depuis Louis XIV nous avions entretenu avec le Siam d'excellents rapports et, en plus d'une circonstance, nous avions rendu à cette puissance les meilleurs offices. Cependant les événements qui se passent aujourd'hui dans l'Indo-Chine vont nous mettre plus que jamais en étroites relations avec le royaume de Siam. Il est nécessaire que nous connaissions mieux les Siamois afin de pouvoir les apprécier à leur juste valeur et contrebalancer l'influence que nos rivaux se sont acquise.

Le royaume de Siam n'a pas de frontières bien exactement délimitées, entouré qu'il est en partie à l'ouest, au nord et à l'est de tribus Shans sur lesquelles il n'a qu'une puissance nominale. S'étendant entre les 4 et 20° parallèles et de 96° à 102° (Gr.) le Siam embrasserait une aire de 64.500.000 hectares sur lesquelles vivrait une population qu'on estime de 4 à 6 et de 6 à 12 millions d'habitants qui comprend des Chinois (deux millions) Malais, Laotiens, Cambodgiens, Péguans et jusqu'à des Siamois.

Ces derniers, qu'on reconnait facilement à leurs habitudes de paresse et de servilité sont assez laids; mais leurs femmes entre 12 et 20 ans sont fort jolies. En fait de qualités, on ne peut porter à l'actif des Siamois que l'esprit de famille. L'esclavage existe du haut en bas de l'échelle et l'on peut dire que tout habitant du royaume de Siam passe sa vie à plat ventre, l'esclave devant son maître, celui-ci devant les mandarins et tous ces derniers devant les deux rois.

Pourquoi deux rois, peut-on se demander? L'un a tous les pouvoirs, l'autre n'a pour prérogative que de s'asseoir au lieu de se prosterner devant son collègue. A mon sens, les Siamois ont deux rois comme les États-Unis ont un président et un vice-président; afin de ne pas avoir d'interrègne!

Certains auteurs évaluent à 79 millions le revenu du royaume, revenu dont une assez grosse partie irait tous les ans s'enfouir dans la cassette royale.

Ce n'est pas en travaux publics que se ruine le Siam, ce n'est même pas en dépenses excessives, comme nous le faisons en Europe, pour l'armée et la marine, puisqu'il n'a comme marine qu'un petit nombre de jonques et encore moins de bâtiments de type Européen et, en fait d'armée permanente, qu'une milice dans laquelle tout siamois doit faire quatre mois de service. Pardon, nous allions oublier la garde personnelle du roi, son bataillon d'amazones qu'on prendrait volontiers pour des ballerines en rupture d'Opéra.

Le royaume de Siam n'est, à vrai dire, qu'une immense vallée arrosée par le Meinam, dont les inondations bienfaisantes engraissent et fertilisent la contrée. Aussi ne faut-il pas s'étonner que l'agriculture soit en grand honneur par tout le pays. Diverses sortes de riz, le maïs, le tabac, le caféier et la plupart des essences végétales qu'on rencontre en Birmanie: palmier, bananier, oranger, citronier, murier, indigotier, cotonnier, tek, etc., telles sont les principales productions d'un pays où tout vient, pour ainsi dire, sans culture.

On sait que depuis une époque qui se perd dans la nuit des temps, les Siamois exploitent l'étain, le cuivre, le plomb, le zinc, l'antimoine, l'or, dont les mines de Ka-bin sont bien connues, les saphirs qu'on trouve en abondance dans la province de Batta-Bong. Tels sont les principaux produits minéraux de cette riche contrée qui doit en recéler bien d'autres.

Les taxes trop élevées et les exactions des mandarins insatiables s'opposent invinciblement à l'organisation de toute entreprise, de toute société, de toute reconnaissance scientifique. C'est à ces causes qu'il faut également attribuer le peu de développement qu'a pris l'industrie nationale. Malgré l'habileté des Siamois dans l'art du fondeur, et avec un matériel primitif, malgré le goût et la délicatesse avec lesquels ils savent ciseler mille objets d'or ou d'argent, malgré le soin et la patience qu'ils apportent dans la fabrication des étoffes de soie tissues d'or et d'argent, l'industrie n'est ni florissante, ni en voie de progrès ainsi qu'en témoignent mélancoliquement les rapports annuels du consul anglais à Bankok, seule source imprimée à laquelle il soit possible de puiser.

C'est à Bankok qu'est centralisé presque tout le commerce d'importation et d'exportation. Nous avons eu déjà l'occasion de parler de cette capitale qu'arrose le Meinam, ce fleuve si large et si profond. Au premier abord, avec ses palais et ses pagodes, quand on vient de la mer, Bankok produit un excellent effet, mais que l'on pénètre dans ses étroits et puants canaux, réceptacles de tous les immondices, la vue et l'odorat sont, de suite, douloureusement impressionnés. Nous n'avons rien à ajouter à ce que nous avons dit de Bankok, ses monastères ressemblent avec leurs 400 à 500 moines ou talapoins, avec leur milliers de novices, à tout ce qu'on rencontre partout en Birmanie et le palais royal ou mahaprasat, malgré ses merveilles de sculpture, ne détrône pas ce que nous avons vu à Amarapoura et à Mandalay.

Nous ne parlerons pas des ruines d'Ankor et de ces

innombrables monuments si riches, si nouveaux pour nous de l'art Khmer dont les immenses forêts de l'intérieur nous révéleront sans doute encore bien des spécimens. Tout cela, depuis les ouvrages de Mouhot, de Francis Garnier, du capitaine de frégate Delaporte, depuis l'organisation du musée Khmer à Compiègne, est beaucoup trop connu pour que nous nous y arrêtions plus longtemps. Il y a dans l'étude de ces témoins d'un passé qui n'est pas encore loin de nous, plusieurs sortes d'intérêts, l'artiste, l'archéologue et l'historien y pourront rencontrer des jouissances d'un ordre élevé, et y faire des découvertes curieuses à plus d'un titre, pour nous ce n'est pas à ces points de vue que nous nous plaçons. Nous ne nous occupons ici que de considérations d'un ordre moins relevé mais plus pratique, de tout ce qui a trait au progrès économique du pays, de ses ressources, de ses besoins et des relations commerciales que nous pourrons nouer avec lui.

Au royaume de Siam appartient encore cette longue péninsule qui semble presque détachée de l'Asie et qui n'y tient, à vrai dire, que par l'isthme de Kra, cette presqu'île de Malacca que le Anglais ont, depuis longtemps entamée et où ils ont créé sous le nom d'*Établissements du détroit*, des postes militaires importants qui leur permettent de fermer à volonté cette porte de la mer de Chine qu'on appelle le détroit de Malacca.

Quant aux détails géographiques et économiques sur les autres parties de la Cochinchine, il est facile de les trouver ailleurs; le nombre des articles de revue et des livres sur ce sujet ayant été fort considérable dans ces derniers temps. Ce que l'on connaît moins bien, c'est la suite des rapports que nous avons entretenus pendant le XVIIe et le XVIIIe siècle avec le Siam, la Cochinchine, l'Annam et le Tonkin.

Nous savons par un mémoire adressé par le sieur d'Arrac-Capitaine au ministre des affaires étrangères, que la France eut au XVIIe de nombreuses relations avec une partie des territoires qui forment aujourd'hui la Birmanie anglaise. La compagnie des Indes orientales y posséda même certains établissements qui lui permettaient de faire un commerce assez important. Par malheur, d'Arrac-Capitaine ne nous indique pas dans quelle circonstance nous nous étions établis au Pégu; il nous dit seulement que ce fut, « à peu près à la même époque où la compagnie des Indes fonda Chandernagor » Or, nous avions déjà une loge à Chandernagor en 1676, mais ce fut seulement deux ans plus tard que Chandernagor ainsi qu'un territoire assez vaste furent cédés par Aureng-Zeb à la Compagnie.

« Le Pégu dit d'Arrac-Capitaine[1] fournissait outre le riz des dents d'éléphants, des gommes et surtout des gommes-laques, du musc, de la cire, de l'huile de bois, des cuirs secs et des cornes de buffles, des pierres précieuses comme rubis, saphirs, topazes etc,

---

(1) Henri Cordier. — La France en Chine au XVIIIe siècle.. — Paris, Leroux, 1883, in 4°. Tome 1er Indroduction p. 30, suivantes et passim.

mais surtout du bois de tek qui servait aux charpentiers de Chandernagor et aux magasins de Pondichéry. « La grande quantité de charpentiers qu'on trouve au Pégu et le bas prix de leur journée (on donnait alors une roupie pour cinq charpentiers) la décida à y établir des ateliers de construction.² Dans cet objet elle obtint du prince du pays un local dans Syriam (Than-Lyeng) port situé sur le Menankiou à 330 milles sud d'Ava, avec privilèges et le droit de mettre pavillon. La compagnie y fit construire de grands magasins à chaux et sable, elle introduisit même dans le pays, au moyen des ouvriers qu'elle envoya de la côte de Coromandel, la manière de faire les briques, inconnue chez ces peuples; c'est dans les ateliers que furent construits les vaisseaux que M. Dupleix employa dans le commerce d'Inde en Inde, de la mer Rouge et de Manille. »

Ce sont là des faits peu connus, qui ne manquent pas d'intérêt pour notre histoire coloniale et qui auraient pu avoir des conséquences considérables pour le développement de notre commerce et de notre influence. A cette époque, bien que nous n'eussions aucune troupe disponible à cause de la guerre que nous soutenions contre les Anglais, nous primes parti contre les Birmans qui venaient d'envahir le pays, pour le roi qui venait de nous concéder des privilèges si importants.

(2) Ce fut l'origine de l'industrie qui devait faire la prospérité de Maulmein.

Le conseil de Pondichéry ne voulant pas laisser nos compatriotes en butte aux vexations des envahisseurs, envoya à Rangoon deux bâtiments avec la mission de les recueillir et de les ramener dans l'Inde. Mais les Français trouvèrent les Birmans établis dans la ville. « Ceux-ci députèrent auprès du commandant de ces bâtiments un de leurs chefs avec des présents, pour prier le commandant de rester neutre dans cette guerre. Le commandant, soit qu'il eut des ordres d'agir, soit qu'il les prit sur lui, renvoya les députés et les présents et fut s'embosser près de la ville de Rangoon où il jeta quelques boulets.

Les Birmans n'ayant point de moyens de défense contre le canon dont ils ne connaissaient même pas l'usage, firent à la hâte des radeaux chargés de goudron et de matières inflammables, et les firent dériver sur les bâtiments français qui prirent feu. Les équipages dont les secours furent inutiles, durent se jeter dans des bateaux et gagner à la nage la rive la plus proche. La totalité de l'état-major et une partie de l'équipage furent massacrés.

La partie qui échappa à la mort fut faite esclave et conduite à Ava où le roi birman se retira après avoir ravagé tout le pays. Les chantiers et magasins des Français dans Syriam furent détruits. »

Depuis cette époque, nous avions bien cherché à nous installer de nouveau dans le pays et nous avions même obtenu une concession à Rangoon, concession abandonnée en 1788.

A la même époque nous entretenions avec les rois

de Siam des rapports suivis qui, sous l'empire de certaines circonstances on ne peut plus favorables, faillirent nous rendre maîtres de l'Indo-Chine toute entière. Il n'est personne qui n'ait entendu parler de l'ambassade du marquis de Chaumont et du chevalier de Forbin à Siam[1]. Cette expédition avait été motivée par les rapports que Louis XIV avait à plusieurs reprises entretenus avec le roi de Siam, au sujet de nos missionnaires. En même temps l'un des employés de la compagnie des Indes, Deslandes, cela en dehors de toute intervention officielle, arrivait à la conclusion d'un traité qui lui concédait l'achat et l'exportation de tout le poivre récolté dans le royaume de Siam.

Une première ambassade siamoise envoyée en France ayant péri en mer, une seconde, deux ans plus tard, fut plus heureuse et put témoigner au ministre de la marine le désir qu'avait le roi de Siam d'entrer en relations d'amitié plus étroites avec la cour de France.

Devant la manifestation de ce désir, Louis XIV ne pouvait rester indifférent; tel fut le motif de l'envoi de M. de Chaumont qui ramena à son tour en France une nouvelle ambassade siamoise. Un traité pour la protection de nos missionnaires fut conclu.

Le gouvernement français avait l'air de n'avoir que cette préoccupation et secrètement il signait un second traité, celui-ci de commerce et d'alliance avec le roi

(1) Sur cette période on consultera avec fruit l'ouvrage de M. Lanier : Étude historique sur les relations de la France et du royaume de Siam de 1662 à 1703. — Versailles, 1883, in-8°

de Siam. L'article 4, après nous avoir confirmé le privilége du poivre, nous permettait d'y établir des résidences et factories partout où nous le jugions à propos, nous accordait aussi le libre commerce par tout le royaume, avec exemption de droit d'entrée et de sortie. Quand aux autres avantages qui nous étaient concédés, ils étaient considérables ; c'étaient la ville de Mergui et une île (l'île du roi) dans l'archipel Mergui et la ville de Bankok qui nous étaient remises et cédées en toute propriété[2].

On comprendrait peu qu'un tel traité qui n'allait à rien moins qu'à nous rendre maîtres de tout le commerce du royaume et à placer par la suite tout le pays sous notre domination eut été signé, si l'on ne savait qu'il fut inspiré et rédigé par un aventurier grec, Constance Phaulcon, qui était arrivé, à force d'intrigues, à occuper la place du *barcalon* ou premier ministre, sans cependant oser en prendre le titre. Son habileté avait consisté à s'appuyer sur une puissance étrangère; pour arriver à ce résultat il s'était converti et avait entraîné à embrasser la nouvelle religion une foule d'indigènes qu'il avait ainsi compromis et qu'il espérait bien attacher à sa fortune.

En 1687, MM. de La Loubère, Cébéret et douze jésuites partirent pour le royaume de Siam avec une escadre qui emportait 500 hommes de troupes. Nos agents prirent aussitôt possession des places qui nous

---

(2) Voir Archives du ministère des affaires étrangères. Indes orientales passim.

avaient été cédées et s'établirent à Bankok, ville qui par sa position semblait destinée à devenir l'entrepôt de toutes les marchandises de l'Asie.

Mais il n'est corde si bien tendue, qui ne casse. Un certain nombre de Siamois attachés à leur culte national, jaloux de voir un étranger tout puissant, qui déjà démembrait le royaume pour le mettre entre les mains d'étrangers comme lui, résolurent d'en finir. Au mois de mai 1688, ils ourdirent une conspiration au cours de laquelle Constance trouva la mort ainsi qu'un grand nombre d'indigènes qui avaient embrassé la religion chrétienne ou qui s'était compromis par l'accueil qu'ils nous avaient fait.

La ville de Mergui où commandait M. de Bruhant fut assiégée. Celui-ci n'ayant que 50 hommes de troupes et trois officiers pour défendre une ville très grande, ouverte de toutes parts, commença par s'emparer d'une frégate pour assurer sa retraite, soutint pendant soixante-dix jours de tranchée ouverte l'effort d'une armée de 12,000 hommes et, lorsqu'il se vit dans l'impossibilité de résister, il embarqua son monde, gagna Syriam dans le Pégu et de là Pondichéry.

A Bankok des événements analogues se produisaient, le commandant de la place des Farges, avait 300 hommes sous ses ordres ; attaqué par 60.000, il résista deux mois, puis voyant qu'il ne pouvait recevoir aucun secours, il traita avec l'usurpateur qui était venu l'attaquer en personne et obtint une capitulation des plus honorable, par laquelle on lui fournissait quatre bâtiments pour gagner avec ses troupes, armes et bagages, notre colonie de Pondichéry.

A cette époque la France voyait l'Europe toute entière liguée contre elle, il était impossible de donner suite à des projets qui auraient nécessité pour réussir l'envoi de forces imposantes. Depuis ce temps, il nous a été impossible de reprendre pied dans le royaume de Siam et nous semblons aujourd'hui plus que jamais loin d'une pareille éventualité.

Qui se rappelle maintenant que par traité authentique, nous avons été maîtres pendant une année de Mergui et de Bankok ? Et qui pense à cette heure que la question du Tonkin et de l'Annam a failli recevoir sa solution il y a une centaine d'années ?

Les événements sont assez singuliers, il ont un tel caractère d'actualité que nous demanderons au lecteur la permission de les résumer brièvement.

En 1774, le roi de Cochinchine Caung-Shun, qui, depuis longues années, vivait à la mode des rois fainéants, ne s'inquiétant pas de ce que l'on pouvait dire et buvant frais, soufflé par quelques mandarins en quête d'argent, eut la malencontreuse idée d'établir une sorte d'impôt de capitation. Une conjuration à la tête de laquelle se mirent les trois frères Tay-son, un marchand, un officier et un prêtre, qui jouissaient auprès de leurs concitoyens d'une grande influence, éclata tout à coup. L'empereur fut mis à mort, son fils aîné fut défait, la ville de Saigon qui avait soutenu sa cause fut rasée et 20.000 de ses habitants furent passés au fil de l'épée. En peu de temps le royaume tout entier était aux mains des trois frères qui se le partageaient.

Quant à la reine mère elle avait pu échapper aux meurtriers avec son fils Nguyen-Chung, (depuis Gia-Long.) Elle avait trouvé un asile chez un de nos compatriotes, l'évêque d'Adran, Pigneau de Béhaine, qui fit preuve d'un tel dévouement en ces tristes circonstances que Nguyen-Chang lui confia, comme au plus sage et au plus digne, l'éducation de son jeune fils.

Après divers combats et certaines aventures romanesques trop longues à rapporter ici, le jeune Gia-Long, plusieurs fois défait, à bout de ressources, sinon de courage, s'était réfugié dans l'île Phu-Qok ou Quadrol avec 1500 ou 1600 Cochichinois qui lui étaient restés fidèles. Là désespéré, ne voyant d'autre moyen de remonter sur le trône de ses pères, Gia-Long avait pensé a se jeter dans les bras des Anglais ou des Portugais, qui lui avaient fait des offres de secours.

C'est alors que Pigneau de Béhaine eut l'idée de demander au roi de France d'intervenir et de secourir un souverain qui montrait pour les chrétiens et les Français, une sympathie que les événements pouvaient changer en une amitié durable on ne peut plus avantageuse à notre patrie.

Afin de donner à la négociation de l'évêque d'Adran plus de poids et de garantie, avec le grand sceau de l'empire, Gia-Long lui confia son fils qui pouvait avoir six ou sept ans.

L'ambassade fut accueillie à la cour de France avec

considération, présenté à la cour et l'opinion publique s'occupa de la mission de l'évêque d'Adran, ainsi qu'en témoigne une brochure aujourd'hui introuvable le *Petit aperçu d'un étourdi sur la demande du prince de Cochinchine*[1]. Les projets de l'évêque d'Adran, bien qu'ils eussent été tout d'abord accueillis avec une certaine réserve, finirent par rencontrer auprès de notre ministre des affaires étrangères[2] un accueil favorable.

Au bout de quelques mois, un traité d'alliance offensive et défensive fut signé le 29 octobre 1787 entre les deux cours de Versailles et de Cochinchine. Ce traité était pour nous extrêmement avantageux, ainsi qu'en témoigne le résumé suivant, d'après l'original que nous avons eu entre nos mains aux Archives des affaires étrangères.

Nous devions envoyer au roi de Cochinchine une escadre de 20 bâtiments de guerre, cinq régiments européens, deux de troupes coloniales et, en quatre mois, un million de dollars, dont la valeur de 500.000 roupies en salpêtre, canons, mousquets et autres équipements militaires.

Quant au roi de Cochinchine, il devait, dès que la tranquilité serait rétablie dans ses états, nous fournir tout ce qui serait nécessaires en agrès et provisions

---

(1) S. l. n. d., in 8°. Pièce. Bibliothèque nationale Lb. 39 6313.

(2) M. de Montmorin avait été nommé spécialement à l'effet de cette négociation, ministre plénipotentiaire. Voir: Archives des affaires étrangères. Indes orientales.

pour mettre en mer quatorze vaisseaux de ligne qui auraient été construits dans le pays.

D'ailleurs nous avions dans la contrée des consuls spécialement chargés de surveiller la construction des vaisseaux et la liberté de prendre dans n'importe quelle forêt les bois qui nous seraient nécessaires.

Par l'article 4, cession nous était faite à perpétuité de la baie de Tourane et des îles ajacentes de Fai-fo au midi et de Hai-wen au nord. L'article suivant prescrivait que le roi de Cochinchine devait nous fournir les hommes et les matériaux nécessaires pour la construction des forts, ponts, grandes routes, etc., qui seraient jugés nécessaires pour la sureté et la défense des lieux cédés.

Les taxes devaient nous appartenir et au cas où la guerre éclaterait dans l'Inde, la Cochinchine devait mettre à notre disposition 14.000 soldats exercés à la mode de France; mais si la guerre était portée sur le territoire même de la Cochinchine, ce n'était plus 14.000 hommes mais bien 60.000 que le roi devait nous fournir en les habillant et les entretenant à ses frais.

Avec ces articles, qui sont les plus importants du traité, il en existait d'autres également à l'avantage de la France et si le traité eût été exécuté « il est certain dit Crawfrud, que la Cochinchine fut devenue province française, ce qui eût amené par suite, ajoute-t-il, l'intervention anglaise. »

(¹) L'heureuse issue de cette négociation valut à

---

(1) Les archives des colonies renferment un grand nombre de pièces à cette affaire, nous comptons les publier prochainement.

Pigneau de Béhaine sa nomination d'ambassadeur extraordinaire en Cochinchine et le commandement temporaire de toutes les troupes, qui devaient être placées sous les ordres de M. de Fresne. Barrow (¹) affirme que l'évêque d'Adran aurait désiré voir le commandement donné à M. de Conway, mais, ajoute-t-il, Louis XVI était fortement prévenu contre cet officier qu'il regardait comme sans mœurs, sans principes, haut, vain et turbulent et il refusa. Toujours est-il que l'évêque s'embarqua pour Pondichéry sur la frégate la *Méduse* avec le jeune prince confié à ses soins. « Il mouilla, à son passage à l'île de France, où il trouva à l'ancre un vaisseau de 50 canons, sept frégates et quelques bâtiments de transport. Il reconnut aussi que le nombre de troupes disponibles dans l'île de Bourbon montait à 4 ou 5000 hommes. (²) Les ordres furent donnés pour équiper la flotte dans le plus bref délai et pour que les troupes se tinssent prêtes à s'embarquer, aussitôt que l'on aurait reçu de Pondichéry l'avis que l'évêque se proposait de faire partir en y arrivant.

Il se trouvait à Pondichéry à la fin de 1788, préci-

---

1 John Barrow. Voyage à la Cochinchine... traduit de l'anglais par Maltebrun — Paris, Buisson, 1807, 2 vol. in 8º. Tome II p. 211 et suiv. L'assertion de Barrow est absolument fausse et nous avons eu entre les mains les instructions officielles et secrètes qui furent données à Conway à cette époque. G. M.

(2) Toute cette partie du récit de Barrow est absolument fausse; quant à Mme de Vienne, nous n'avons trouvé dans la correspondance échangée entre Conway et l'évêque d'Adran qu'une allusion peu transparente au rôle qu'elle aurait joué dans cette affaire. G. M.

sément dans le temps que l'évêque d'Adran y arriva, une célèbre beauté qui y faisait grand bruit. C'était Mme de Vienne, femme d'un aide de camp de Conway et maitresse de ce général. L'évêque, à son arrivée, fit visite à toutes les femmes de distinction, n'oubliant que Mme de Vienne. On lui fit entendre qu'il ferait bien de voir cette personne. Non-seulement il s'y refusa, mais se montra offensé de la proposition ; il lui échappa même quelques expressions injurieuses et il se répandit en observations sévères sur la conduite scandaleuse de la dame. Il ne manque jamais d'âmes charitables pour colporter ce genre de propos et Madame de Vienne en fut avertie.

Furieuse, au récit des remontrances de ce prêtre impertinent, comme elle disait, elle ne voulut pas différer de s'en venger. Comme elle exerçait sur Conway un empire absolu, elle réussit à l'animer contre l'évêque et le gouverneur envoya par un bâtiment léger l'ordre de suspendre l'armement jusqu'à ce qu'on eût reçu de Versailles des ordres confirmatifs[1].

Sur ces entrefaites, les événements de 1789 arrivèrent, ce qui empêcha de donner à cette affaire les sui-

(1) Tel est le récit de Barrow et des écrivains qui l'ont copié, le plus souvent sans le citer. Que l'anecdote de Madame de Vienne soit exacte, c'est possible ; mais les instructions envoyées à Conway au moment du départ de l'évêque d'Adran lui laissaient *toute liberté* de donner suite ou non à l'entreprise et il demeurait juge de son opportunité. Il semble que le ministère ait tout entier voulu se décharger sur lui de toute responsabilité. C'est ce qui résulte du dossier de toute cette affaire qu'on trouve aux archives des colonies et des affaires étrangères G. M.

tes qu'elle comportait. Peu s'en est fallu, on le voit qu'à deux siècles d'intervalle nous prenions dans l'Indo-Chine une situation prépondérante. Le traité du 28 novembre 1788 nous assurait la direction politique militaire et commerciale de ce pays dont l'exploitation offrait des ressources incalculables.

Ce ne fut cependant pas pour l'évêque d'Adran une raison pour interrompre ses efforts en faveur de Gia-Long. Il ne peut compter sur le secours officiel de la France, il réunit alors un certain nombre d'officiers et de soldats français qui partent avec lui comme volontaires. Il est bon de rappeler les noms de certains de ces aventureux officiers, MM. Ollivier, Vanier, Chaigneau, Dayot et autres qui contribuèrent puissamment par leurs connaissances spéciales, à rétablir la fortune du souverain détrôné.

Celui-ci était déjà parvenu à étendre sa domination de la province de Saïgon sur les provinces méridionales de son empire, lorsque le secours que lui amenait l'évêque d'Adran arriva. Des troupes mieux instruites, une marine qu'il fallut créer de toutes pièces, mais qui rendit de très grands services, permirent à Gia-Long, après douze ans d'une lutte opiniâtre, de soumettre à ses armes toute la partie orientale de la Cochinchine, y compris le Tonkin, jusqu'à la frontière de la Chine. En somme, Gia-Long fut un grand roi et un vaillant guerrier; Barrow semble cependant avoir exagéré ses qualités au milieu desquelles restait un fond invincible de barbarie.

La mort de l'évêque d'Adran arrivée en 1799, celle

du jeune prince qu'il avait élévé, peu d'années auparavant, anéantirent pour longtemps l'influence que nous avions pu prendre sur Gia-Long. Bien qu'un certain nombre d'officiers français fussent restés à son service, et aient puissamment contribué à la construction des belles forteresses de Hué, de Saïgon, de Gna-Thang et de Quin-Hòne, etc. Gia-Long refusa de recevoir, en 1817, un envoyé français M. Achille de Kergariou, capitaine de vaisseau qui, sur la frégate la Cybèle, apportait une lettre du ministre de la marine pour le premier ministre annamite et des présents du roi de France au roi de Cochinchine. Crawfurd[1] fut chargé en 1822 par le marquis d'Hastings de lier avec la Cochinchine des relations que l'Angleterre assurait devoir être entièrement commerciales, mais il ne fut pas plus heureux que notre envoyé et ne fut même pas admis à présenter au roi la lettre du gouverneur général de l'Inde anglaise ; à plusieurs reprises, les Anglais ont essayé de lier avec l'empereur d'Annam des rapports suivis mais il ont toujours échoué, malgré le désir très vif qu'ils avaient de se glisser jusqu'au Tonkin.

On connaît la suite qu'ont amenée en 1858 nos démélés avec Tu-Duc, le dernier des successeurs de Gia-Long et notre établissement dans la basse Cochinchine, superbe colonie de 59456 kilomètres carrés

---

(1) Voir Crawfurd — Journal of an embassy from the governor general of India to the courts of Siam and Cochinchina...... 2e édition.— London. Colburn and Bentley, 1830, 2 vol. in-8o, 2e vol. page 397.

qui ne compte pas moins de 1.900.000 habitants. Nous n'avons pas tardé à être forcés de placer sous notre protectorat la riche province du Cambodge, protectorat qui, à la mort du souverain actuel, sans héritier, se transformera forcément en un établissement définitif et nous ajouterons alors à nos possessions de Cochinchine les 83,861 kil carrés et les 950.000 habitants du Cambodge.

On se rappelle que depuis 1874 il a été placé sous notre protectorat ou à peu près. L'empereur Tu-Duc a, depuis cette époque, cherché tous les moyens de se dérober à l'exécution des articles du traité qu'il avait été obligé de signer à la suite de notre expédition de Tourane. Il a constamment fait preuve d'une insigne mauvaise foi en cherchant à s'appuyer sur la Chine et sur cette *Grande Compagnie* de malandrins, de gens sans aveu et de brigands sanguinaires, connus sous le nom de Pavillons-Noirs. Cependant il a été obligé de laisser s'installer, dans sa capitale même, à Hué, un résident français, et occuper certaines villes telles que Hai-Phong qui fait avec la Chine un commerce très important, et Hanoï, la clé du fleuve Rouge, aux portes de laquelle ont succombé sous le nombre Francis Garnier, Balny d'Avricourt et Henri Rivière ainsi que bon nombre de leurs intrépides compagnons.

La plus importante des provinces de l'Annam est sans contredit le Tonkin, et cette importance, le Tonkin la doit non-seulement à l'industrie de ses habitants, aux produits de l'agriculture, aux richesses incalculables d'un sol où l'on rencontre le charbon, le cuivre, l'or et l'étain, mais à son voisinage des provinces sud ouest de la Chine, Le Quan-si et le Yunnan dont l'opulence est réputée dans le monde entier. Le chemin le plus court pour y arriver est le fleuve Rouge ou Song-Coï. Aussi avions nous eu bien soin, après la reconnaissance qu'en avait faite M. Dupuis, d'inscrire sa navigabilité dans les clauses du traité de 1874, mais cette prescription est restée comme les autres, lettre morte.

Ce sont ces infractions impudentes et répétées au traité de 1874 par la cour de Hué, c'est le juste désir de venger nos compatriotes et de mettre une bonne fois à la raison un souverain dont la duplicité est devenue proverbiale, qui nous forcent à envoyer en ce moment une expédition dont on ne tardera sans doute pas à connaitre les résultats. Nous espérons bien que cette fois, après les deux tentatives sans suite de 1687 et de 1787, nous réussirons à imposer d'une façon définitive notre domination sur ces riches contrées et à reconstituer un nouvel empire de l'Inde.

CHAPITRE XVIII

Le développement naturel de notre colonie indo-chinoise. — Le percement de l'isthme de Kra. — Inconvénients, pour la navigation, du détroit de Malacca. — Le mouvement commercial de Saïgon et de Bankok. — Développement de la prospérité de ces villes par le percement du canal. — Notre tâche au Tonkin. — Avantages multiples d'un canal. — Description du pays. — Projet de MM. Dru et Deloncle. — Ce qui leur manque. — Mon projet. — Prix et Rapport éventuels du Canal.

S'il est intéressant, pour nous autres Français, de connaître la Birmanie anglaise, de savoir ses ressources, d'étudier les peuples qui l'habitent, c'est que forcément, dans un temps donné, qui se fera peut-être longtemps attendre ou qui est proche peut-être, c'est que notre colonie dans l'Indo-Chine devra s'étendre jusqu'à la frontière. Depuis que nous avons pris pied en Cochinchine, notre territoire s'est forcément accru, notre influence est devenue plus considérable, car il a fallu, voulant être tranquilles chez nous, obliger à nous respecter les souverains qui fomentaient parmi nos nouveaux sujets des révoltes continuelles.

Lâcheté et fourberie, tels sont les traits dominants de la diplomatie orientale (1). Jamais nous n'étions couverts de plus de fleurs, accablés de plus de dé-

(1) C'est ce qui résulte surabondamment de la lecture de l'ouvrage de M. Dutreuil de Rhins, L'Annam.... Paris, Plon, 1 vol. in-18; c'est ce que prouvent nos négociations avec la Chine et les événements qui se déroulent au moment où nous écrivons.

monstrations enthousiastes qu'au moment où l'on tramait contre nous quelque complot. Nous n'avons pas été longtemps à démêler ces traits dominants, communs à tout ce qui touche de près ou de loin à la Chine et nous avons chaque fois imposé notre volonté au lieu de solliciter quelque faveur.

Cette politique, la seule qu'il faille obstinément pratiquer avec ces caractères serviles et méprisables, nos commandants et nos gouverneurs n'ont pas toujours pu la suivre, soit qu'elle répugnât au caractère de quelques-uns, soit qu'ils fussent enchaînés par des ordres venus de la métropole, car, depuis des années, ce qui nuit le plus au développement de notre commerce et de notre influence en Orient, c'est le défaut de stabilité dans la politique coloniale, ce sont les changements continuels de ministres qui apportent tour à tour des idées différentes et souvent contraires à celles de leur prédécesseur.

Si ce défaut de nature, si cette infirmité est également inhérente au caractère anglais, il faut avouer cependant que nos anciens ennemis savent faire plier leurs passions aux nécessités de la politique générale et si les ministres qui se succèdent ne procèdent pas tous de la même manière, ils sont cependant tous animés de la même passion : la grandeur et la prospérité de leur patrie.

Or, il est un projet qui, après avoir été lancé dans le public à l'état de ballon d'essai, semble aujourd'hui devoir passer dans le domaine de la pratique, c'est le percement de l'isthme de Kra, cet étranglement de la péninsule malaise qu'on remarque juste à la limite du territoire birman.

L'idée de ce gigantesque travail a été émise par des Français, l'exécution en sera-t-elle confiée à des Anglais ?

Que l'on consulte la première carte venue, on verra que la presqu'île de Malacca s'enfonce largement dans le sud et qu'elle force tous les bâtiments qui font route pour l'Indo-Chine, la Chine ou le Japon, à faire un détour qui augmente de quatre jours, la durée de la traversée. Encore ne compte-t-on pas avec les dangers très-sérieux que rencontre tout navire dans le détroit de Malacca : courants rapides qui déplacent perpétuellement les bancs et les fonds, vents terribles, cyclones et typhons qui semblent s'être donné rendez-vous dans ce long couloir formé par les hautes terres de Sumatra et les montagnes de la péninsule malaise, brouillards intenses et changements de moussons qui forcent parfois les voiliers à une longue station dans le port de Singapour.

Tels sont les inconvénients que présente cette route au commerce de toutes les nations, inconvénients qui seraient supprimés par l'établissement d'un canal maritime à travers l'isthme de Kra.

Que si, maintenant, nous envisageons la question à un point de vue purement français, nous trouvons à l'exécution de ce projet des avantages qui doivent nous déterminer à l'étudier rapidement et à constituer à bref délai une société qui se charge de l'exécution des travaux.

Nous parlions tout à l'heure des immenses progrès accomplis par notre colonie de Cochinchine, c'est ici le lieu de rappeler que le commerce total de Saïgon s'est élevé en 1880 à 155,105,000 francs et que le mouvement de la navigation y a été de 850 navires jaugeant 700,000 tonneaux. Que sera-ce lorsque le canal sera ouvert et que tous les navires gagnant l'extrême Orient seront obligés de s'arrêter dans notre capitale de la Cochinchine ?

Voulez-vous avoir une idée de la rapidité des progrès que Saïgon pourrait faire, songez à ce qu'était Rangoon en 1852 et à ce qu'elle est aujourd'hui. Songez que le mouvement de ce dernier port en 1877-1878 n'a pas été inférieur à 1,099,955 tonnes, que les droits de douanes ont été de 1,108,269 roupies pour les importations, de 1,809,465 rs pour les exportations, que le revenu moyen annuel de la ville est de 50,000 livres st. que les exportations représentent un capital de 44,143,015 l. s. et les importations de 37,777,242 l. s. Or, Maulmein avait à cette époque le monopole de la construction des navires, genre de commerce qui l'avait rendue excessivement prospère, c'est le transport de cette industrie à Rangoon qui en ruinant Maulmein a enrichi Rangoon; n'en serait-il pas de même pour Saïgon et Singapour ?

Notre colonie ne serait pas seule à profiter de ces avantages, Bankok en retirerait aussi de considérables. Il entrait à Bankok, en 1880, 531 navires avec des cargaisons estimées à 6,424,791 liv. st. et il en sortait 473 bâtiments dont la charge ne valait pas moins de

9,383,576 liv. st. Il faut noter qu'un grand nombre des navires entrés dans ces ports venaient du détroit de Malacca ou devaient y passer.

Il n'est pas non plus hors de propos de rappeler les efforts que nous faisons à l'heure actuelle au Tonkin pour assurer la libre pratique du Fleuve Rouge, cette artère merveilleuse qui conduira nos commerçants aux portes du Yunnan et des provinces sud ouest de la Chine.

Est-il besoin de dire que la réalisation d'une telle entreprise donnerait une impulsion considérable à nos relations commerciales au Tonkin et amènerait en peu de temps la prospérité d'une colonie où tous les éléments semblent réunis pour en faire un des plus beaux fleurons de notre couronne coloniale.

Déboucher directement dans le golfe de Siam, c'est abréger de quatre jours la durée de la traversée, économiser par conséquent sur le coût du transport ; c'est n'être plus tributaires de l'Angleterre, c'est ouvrir une voie nouvelle, une *voie française* pour pénétrer dans les mers de l'extrême orient dont les Anglais semblaient garder la seule entrée par leur établissement du détroit, par leur port si florissant de Singapour !

C'est par le développement du commerce de Bankok, ce port à l'embouchure d'un fleuve qui arrose tant de riches contrées, nous assurer une influence prépondérante dans un royaume limitrophe, c'est forcément entraîner dans un temps donné tout le Siam dans notre alliance, parce qu'il y trouvera son intérêt.

Mais ce n'est pas tout d'être pénétré des avantages d'un projet, il faut encore chercher les meilleurs moyens de l'exécuter. C'est à cette tâche que se sont voués quelques esprits ingénieux, travailleurs acharnés, promoteurs enthousiastes de l'entreprise, MM. Léon Dru, Deloncle et moi même.

Les Anglais n'avaient pas été les derniers pénétrés de l'avantage que présenterait la traversée de l'isthme de Kra, mais ils ne s'étaient pas arrêtés à cette idée d'un canal maritime et leur pensée s'était fixée sur l'établissement d'un chemin de fer. C'est du moins à cette conclusion qu'étaient arrivés les deux capitaines Forlong et Fraser.

On sait que l'isthme de Kra est presque entièrement coupé par deux rivières : le Pakchan qui se jette dans l'Océan Indien et le Tseompeon qui tombe dans le golfe de Siam. Il y a vraiment lieu de s'étonner que l'utilisation de ces rivières ne soit pas venue à l'esprit des explorateurs anglais, car, au premier abord, rien ne parait plus facile que de les endiguer, de les creuser et de les réunir.

Mais il est bon de chercher dans leurs études, les données nécessaires à la connaissance de la topographie de cette région. Le voyage de MM. Fraser et Forlong dura six jours d'une mer à l'autre. Ils commencèrent par remonter le Pakchan, arrivèrent à Kra, localité peu importante et suivirent pendant onze kilomètres la rivière bordée d'arbres et de bambous.

« Après avoir suivi pendant près de 1500 mètres le lit de la Kra formé en cet endroit d'une série de petits rapides et encaissé entre des berges de 9 à 10 mètres de haut, ils arrivèrent dans une grande prairie, où émergent de nombreuses sources qui donnent naissance à la rivière de Kra. Un peu plus loin, à 500 mètres de cette région, commence insensiblement la pente vers le versant Est et les sources qui forment le Bankren, petit affluent du Tseompeon......

Après avoir traversé Tasan, village de l'importance de Kra, il arrivèrent le 4 avril (1861) à Tseompeon, chef-lieu de la province bâti sur la rivière de ce nom, où ils observèrent que la marée se faisait sentir ; elle y était encore de 1 mètre 80 et grâce au reflux, ils purent se trouver en trois heures et demie à l'embouchure. »

Sans s'arrêter à discuter longuement les idées et les chiffres de MM. Forlong et Fraser qui pensaient à l'établissement d'un chemin de fer, M. Dru, ne considérant les résultats obtenus par eux qu'au point de vue de la reconnaissance du terrain, estime qu'on pourrait canaliser le Pakchan jusqu'à son confluent avec la Namoy et creuser, à cet endroit, un canal qui relierait ce fleuve au Tseompeon, vis à vis duquel on procéderait de la même sorte. En ligne droite, de la mer des Indes au golfe de Siam, on compte 115 kilomètres. Le canal projeté en comprendrait 160 dont 50 seulement pour la jonction du Pakchan ou Tseompeon, le reste n'étant que le cours de ces fleuves canalisé. L'étude de M. Dru, ingénieur très distingué, contient un ensemble de documents des plus précieux, et des bases scientifiques sur lesquelles il est vraiment possible de raisonner.

En 1882, la *Revue géographique* publiait l'étude de M. Deloncle sur l'isthme de Kra, étude très nourrie de faits et de données sérieuses que l'auteur, à ce qu'il nous a dit, avait eu beaucoup de mal à réunir, car il avait rencontré auprès des diverses administrations anglaises, une méfiance très caractérisée.

Pas n'est besoin de dire que M. Deloncle n'est pas toujours d'accord avec M. Dru; nous savons que l'exploration des localités à laquelle s'est livrée M. Deloncle avec le docteur Harmand dans le courant de 1882, a modifié quelques uns des renseignements qu'il s'était procurés. Les résultats de ce voyage d'études, n'ayant pas été publiés, sans doute parce qu'ils concluent à l'impraticabilité du percement de l'isthme de Malaca par le travers de Kra, nous devons donc nous contenter d'extraire les faits les plus saillants de l'article paru au mois de Mars 1882.

Le tracé de M. Deloncle adopte, comme celui de M. Dru l'embouchure du Pakchan qu'il n'y aura pas lieu de creuser, car on y trouve partout des fonds de 8 mètres 50 et au delà qui sont aujourd'hui nécessaires au tirant d'eau des grands batiments. Ce n'est qu'entre les kilomètres 30 et 57, qu'il faudra approfondir le chenal qui n'a plus que $2^m,27$ aux basses eaux. En ce point le canal abandonnerait le Pakchan et irait rejoindre le Tayoung ou Tseompeon dont une grande partie devrait être draguée.

D'une mer à l'autre, le canal comprenait 111 kilomètres, mais il n'y aurait sur ce total que 53 kilomètres à creuser, chiffres qui se rapprochent très sensiblements de ceux qu'avait donnés M. Léon Dru.

Mais ce qui avait fait défaut à M Dru, à M. Deloncle, aussi bien qu'aux ingénieurs français qui l'ont suivi, c'est la pratique du pays, il n'est aucun d'eux qui ait passé l'hiver dans la région qui nous occupe et qui ait été témoin de la transformation complète du pays en cette saison. Ils ne savent pas non plus les difficultés des travaux, au milieu de cette nature exubérante, ils ne connaissent ni les populations avec lesquelles ils se trouveraient en rapports ni les prix qu'on alloue ordinairement pour des travaux analogues. Il leur aurait fallu passer comme nous une année entière dans ces climats extrêmes pour se faire une idée de l'entreprise et c'est cette connaissance intime du pays et des ouvriers que nous avons eus sous nos ordres qui nous a engagé à notre tour, à présenter au public un nouveau projet de percement d'un canal, projet que nous avons publié et qui s'accorde avec les prévisions des ingénieurs de M. de Lesseps tout en étant en contradiction absolue avec l'opinion de M. Loftus[1] qui a accompagné

---

[1] Je vais publier prochainement un deuxième avant-projet de canal maritime et de chemin de fer à travers l'isthme de Kra, avec cartes, plans et sections, qui sera la réfutation du travail du commandant Loftus. Ce travail répondra aux objections des ingénieurs français et anglais. J'y reprends le projet des majors Fraser et Forlong de l'établissement d'un chemin de fer que je proposerai de faire exécuter et qui aurait eu une précédence, le chemin de fer du Caire à Suez qu'on a construit avant le canal de Suez.

M. DE LA B.

les ingénieurs français en 1883. Il semblerait, à lire le travail qu'il a dédié à la société de géographie de Londres, qu'il ait pris plaisir à accumuler les difficultés afin de déclarer impossible la réalisation d'un projet de canal. Un tel parti pris démontre une fois de plus la jalousie et le dépit des Anglais en voyant la France s'occuper de cette entreprise dans un pays qu'ils pensent bien devoir tôt ou tard tomber entre leurs mains. Il a suffi que nous ayons pris l'initiative d'une affaire pour qu'elle soit immédiatement, par eux, déclarée irréalisable. Mais les obstacles qu'ils nous opposent, la mauvaise volonté qu'il ne cessent de nous montrer dans toutes les circonstances ne doivent pas nous décourager, bien au contraire; le monde est assez vaste pour qu'il y ait place pour tous et le mouvement qui semble emporter nos compatriotes vers les entreprises coloniales et les travaux d'intérêt général n'en sera pas arrêté.

Paris. — typ. Cellarius, 22, rue de l'Hôtel-Colbert.

LA

ROUTE FRANÇAISE

AU TONKIN

LA ROUTE FRANÇAISE AU TONKIN

CANAL DE MALACA

AVANT-PROJET

DE PERCEMENT DE L'ISTHME DE KRA OU DE MALACA

Présenté à M. F. DE LESSEPS le 1ᵉʳ Mai 1883
Adressé à Sa Majesté le roi de Siam le 8 juin

CONFÉRENCE

Faite à la Société Académique Indo-Chinoise, dans sa Séance du 30 Mai 1883

PAR

M. LE Cᵗᵉ A. MAHÉ DE LA BOURDONNAIS

Ingénieur,
Explorateur en Birmanie et Siam
Membre de la Société Académique Indo-Chinoise.

SOCIÉTÉ ACADÉMIQUE INDO-CHINOISE

Séance du 30 Mai 1883

PRÉSIDÉE PAR M. LE MARQUIS DE CROIZIER

AVANT-PROJET DU CANAL MARITIME A NIVEAU

DE L'ISTHME DE KRA

Conférence par M. le Comte A. Mahé de la Bourdonnais, Ingénieur, Explorateur en Birmanie et Siam, Membre de la Société Académique Indo-Chinoise.

Mesdames et Messieurs,

C'est après un séjour de huit ans aux Indes, en Birmanie et à Siam, que je viens pour la première fois faire une lecture en public et vous décrire un nouveau projet de canal maritime à niveau, pour traverser l'Isthme de Kra ou de Malaca; question fort importante, depuis surtout que la France est engagée dans une colonisation sérieuse en Orient.

PAGINATION DECALEE

L'Isthme de Kra, entre la rivière Pakchan dans le golfe de Bengale et l'embouchure de la rivière Tayoung dans le golfe de Siam, n'a que 40 kilomètres de largeur de l'Ouest à l'Est, pendant la saison sèche qui dure environ 6 mois de l'année, et pendant la saison des pluies qui dure les autres 6 mois, il ne compte guère que 20 kilomètres à cause du débordement des fleuves sur les deux versants. Nous savons que la Cordillère Malaise, parcourant la péninsule du Nord au Sud, s'abaisse tout à coup par une pente rapide, et s'interrompt vers 10° 30′ de latitude Nord pour ne se relever que par 10° 20′. La plus haute altitude dans ce passage est de 70 mètres au-dessus du niveau de la mer et 25 mètres la dépression la plus considérable. Les versants de la ligne de faîte sont pénétrés de vallées parallèles qui vont se perdre vers la mer sous de profondes lagunes ou des bancs de sable. Au milieu de ces dépressions coulent de nombreuses rivières; elles accumulent des apports d'humus et d'alluvions considérables et inondent les plaines, plus particulièrement pendant la mousson du S.-O., de leurs arroyos dont les bouches, obstruées de barres de vase fluide, interrompent les travaux, causent des dégâts de toutes sortes, et rompent sans cesse les digues construites aux embouchures des fleuves.

Il est à remarquer que les apports d'humus et d'alluvions sont d'une nature tellement considérable qu'après chaque saison des pluies, ils présentent l'effet le plus désastreux et occasionnent des dépenses telles pour l'entretien des travaux de canalisation en particulier, qu'après quelques années d'exploitation je les ai vus abandonnés tant dans l'Inde en deçà, qu'au-delà du Gange.

On calcule qu'il tombe dans l'Isthme de Kra 144 pouces d'eau par an.

On ne doit pas perdre de vue que l'Isthme de Kra n'est formé en grande partie que d'argiles et terrains de transports dont la couche s'épaissit sans cesse, envahissant et gagnant tous les jours sur les marécages et la mer. La vallée de la Sa-oua jusqu'à Tasan, les plaines supérieures et inférieures du Tayoung sont couvertes entièrement d'alluvions, dont l'épaisseur atteint jusqu'à 12 et 15 mètres de profondeur.

La canalisation de l'Isthme de Kra par le cours du Tayoung dans lequel débouchent plus de 50 rivières ou arroyos, offre sans doute les plus grands inconvénients à cause des pluies torrentielles de ces régions, des terribles conséquences des inondations et des apports des fleuves. La nature ayant doté cette contrée de plaines d'alluvions aussi profondes, la question de la canalisation serait simplifiée si le tracé était fait immédiatement au Sud du Tayoung de façon à obvier à la principale difficulté de l'obstruction des travaux par les apports d'alluvions. Des digues, s'il en fallait, des brise-lames, etc., travaux qu'on retrouve dans toutes les entreprises, viendront en aide pour le reste. Il est facile d'abattre les bois de haute futaie qu'on traversera pendant environ un tiers du parcours et sans doute on rencontrera aussi quelques terrains granitiques, ce ne sera qu'une question d'un peu plus d'argent.

Les coolies qui font les terrassements dans ces pays sont des Siammois, Birmans, Malais, Chinois, Indiens, Karengs, Shans, Moïs, races industrieuses, hardies, tranquilles, ordonnées et soumises; ces travailleurs se contentent d'une 1/2 roupie ou 1 fr. 25 par jour qu'on leur paye à la fin de chaque semaine.

Pendant huit ans, depuis 1874, j'ai été employé à toutes sortes de travaux publics, tant dans l'Inde qu'en Birmanie et Siam, en qualité d'ingénieur ordinaire. En novembre 1880 j'ai fait partie de la mission anglaise à Bankok, pour présenter au gouvernement siamois le projet de la construction d'une ligne télégraphique entre Tavoy en Birmanie et la capitale du Siam; parcourant toute la contrée au Nord de l'Isthme de Kra pendant 20 jours sur une distance de plus de 300 milles, à dos d'éléphant le plus souvent et le reste du temps à pied ou en bateau. Mais pendant la saison des pluies, qui dure de mai en octobre, toutes les passes des montagnes ainsi que des collines sont changées en torrents rapides et les plaines de toute la région sont inondées, les routes sont inabordables et tout trafic est arrêté pendant six mois.

De retour de cette exploration, nous avons commencé de suite la construction de la ligne télégraphique entre Tavoy et Bankok, avec deux troupes d'ouvriers d'environ 250 hommes chacune. L'une partant de Tavoy vers Moulmein et Bankok du Sud au Nord, l'autre dans la direction opposée de Moulmein vers Tavoy, en suivant le bord du golfe de Bengale.

Avec l'aide de seize éléphants qui sont les bêtes de

somme du pays et qui se louent à raison de 60 roupies par mois, ou s'achètent au prix de 6 à 800 roupies en temps ordinaire, nous avons pu déboiser, déblayer et construire, en 6 mois de temps, une route de 40 pieds de large sur un parcours de 50 milles, de Tavoy, du côté de Moulmein et autant de Moulmein du côté opposé, mis les poteaux en place, tendu le fil de fer, et construit aussi 10 milles de ligne télégraphique dans la direction da Bankok.

La ligne de Moulmein a été terminée dans la saison suivante et la ligne de Bankok était arrivée au 50e kilomètre, à la frontière siamoise, vers la passe de Natyadoung, lorsque je suis rentré en France.

Les rapports des majors Forlong et Fraser nous apprennent que le col de l'Isthme de Kra est plus particulièrement formé de grès quartzeux, et que le Tayoung y coule quelque temps au milieu de rochers à nu, hauts de quelques mètres, en grès rougeâtres et conglomérats.

Le Dr Oldham ajoute que sur la surface dénudée des roches dures se rencontre une série de couches de conglomérés de grès, d'argile schisteuse, tendre, sans cohésion, et de charbon. Ces conglomérés ne sont jamais très gros, et les cailloux ne dépassent pas quelques pouces de diamètre ; leur ciment se décompose à l'air et se désagrège facilement, les grès sont fins, graveleux, caillouteux, propres : sables blancs, quartzeux blancs ou terreux jaunâtres, les couches d'argiles schisteuses sont d'un vert bleuâtre ou noirâtre et disposées très régulièrement en lames.

minces et fréquemment répétées qui s'exfolient et peuvent se rayer sous l'ongle.

Il est bon de noter que lorsque nous construisions la ligne télégraphique de Tavoy à Bankok, nous avions soin d'avoir à notre suite un pourvoyeur avec des provisions de toutes sortes, à la solde de l'administration qui avançait les sommes nécessaires aux achats et qui était sans cesse tenu de vendre au prix du marché. Les coolies y trouvaient à s'approvisionner de riz, de poisson salé et des autres denrées nécessaires à la vie; comme il n'est guère possible de se procurer quoique ce soit à travers ce pays; en premier lieu, les denrées y sont fort rares, ensuite les peuples boudhistes ne vendraient pas une volaille parce qu'ils sont fort superstitieux et croient à la métempsycose. Ces gens sont très pauvres, mais l'argent ne peut pas avoir raison de leurs préjugés; dans l'Inde on peut encore se procurer bien des choses, mais ici, il ne faut pas y compter; il ne s'y trouve pour ainsi dire qu'une seule caste où les principes sont les mêmes.

Il est hors de doute qu'il conviendrait mieux de creuser le canal entièrement en dehors du Tayoung, pour éviter les apports de terrains d'alluvions que les crues et la vitesse des courants occasionnent toujours et surtout pendant l'hivernage. La création des ports d'accès et jetées ne demandera pas des constructions spéciales pour résister aux typhons qui dévastent les mers de la Chine. En effet le major Forlong remarque que l'état des constructions anciennes, qu'il visita à l'embouchure du Tayoung, ne permettait pas de croire que ces parages fussent exposés aux mauvais temps. Le commandant Richards, dans ses rapports sur le golfe de Siam, constate que les grands vents sont presque inconnus sur ces côtes.

Des garages, barrages, ports de marée et jetées, devront être construits, mais cette partie technique de l'entreprise sera faite naturellement suivant les observations climatériques et l'hydrographie des côtes et, comme nous l'avons dit déjà, sera favorisée par l'estuaire du Pakchan et le golfe de Siam. Pour ce qui est des terrains, composés de grès et probablement de schistes, on peut présager également un travail relativement facile.

Dans l'ordre des choses probables, on rencontrera les couches de la surface composées d'alluvions et de terrains remaniés et friables. Cet accident est commun aux régions équatoriales, où les pluies acquièrent une intensité sans égale, et où la circulation des eaux superficielles finit par accumuler, même à de grandes hauteurs, des quantités énormes d'humus et de matières détritiques. Les eaux ont aussi une action dissolvante très énergique sur les roches et les désagrègent lentement.

A l'embouchure du Pakchan, la rivière est large de 3 kilomètres et pendant les premiers kilomètres ressemble à un bras de mer ayant des fonds de 12 à 13 mètres. Le cours du Pakchan, à 25 kilomètres de son embouchure, offre encore des fonds de 9 mètres puis de 5 mètres 50, au confluent de la rivière Lamlu-young, qui est à 40 kilomètres de l'entrée du fleuve.

Enfin au-dessus de cette rivière il a des profondeurs de 1 mètre 80 à 2 mètres. Si nous multiplions le développement linéaire du canal, par une section équivalente à celle adoptée pour Panama, soit 28 mètres de largeur au plan d'eau dans les roches dures et 56 dans les terrains tendres, c'est-à-dire une moyenne de 42, sur une profondeur de 8 mètres, et 22 mètres au plafond, nous obtenons pour notre projet de canal, sur une longueur de 50 kilomètres, bien que le tracé n'en marque que 47, la somme de 12,800.000 mètres cubes.

A l'appui du calcul ci-dessus, nous tirons du récit des explorateurs anglais un aperçu du peu de difficultés qu'offrira le sommet du profil. En effet, dans cette relation, nous remarquerons qu'ils ont atteint facilement au-dessus de Kra et sans signaler de montée appréciable, une plaine herbeuse d'où émergeaient des sources formant, à peu de distance les unes des autres, les ruisseaux qui constituent les régions du Pakchan et du Tseompéon. Ils constatèrent en outre que si la rivière de la Kra était encaissée, près de son origine, entre des berges de 9 mètres de hauteur, elle n'avait pas moins de 60 mètres de largeur avec une profondeur très faible non loin de Tasan, où ils la rencontrèrent pour la première fois.

De cette description, on peut, croyons-nous, tirer cette conséquence que le point de partage est peu élevé au-dessus du niveau de la mer. La différence d'amplitude des marées entre la mer des Indes et le golfe de Siam est de 3 mètres 50 à 3 mètres 70; et elle permet en somme de se rendre compte de l'importance du travail à entreprendre.

Cette appréciation est toute pratique et ne manquera pas d'être modifiée par le secours des puissantes machines à creuser, à déblayer, etc.; car il est douteux, selon notre expérience de ce pays, qu'on obtienne jamais 6.000 hommes en même temps, en s'en tenant aux gages de une demi roupie par jour et par homme, qui est le maximum qu'ils obtiennent à Rangoon pendant la saison d'exportation du riz. D'ailleurs l'insalubrité de la contrée ne permettrait guère une si grande agglomération sur ce parcours sans amener des fièvres pestilentielles et autres maladies engendrées par les exhalaisons miasmatiques des alluvions extraites et de la décomposition des arbres et buissons qu'on sera obligé d'abattre et d'empiler en attendant qu'on les brûle. La mortalité serait une des causes qui nuiraient le plus à l'exécution des travaux. Ces populations sont très susceptibles, et nous avons vu plusieurs fois, pendant nos travaux en Birmanie, des groupes de 50 à 100 hommes déserter, laissant les gages qui leur était dus, lorsqu'un des leurs était enlevé par la maladie, soit à la suite de la morsûre d'un serpent, ou de la chute d'un arbre, soit qu'il fût victime des fauves, ou de tel accident entraînant la mort.

Dans les autres parties de la Péninsule, la main-d'œuvre serait plus chère et l'on aurait plus de peine à se procurer le personnel nécessaire. Plus au Midi, les Birmans et les Siamois viendraient à manquer et les gages sont près du double dans les établissements anglais du détroit, les Malais ne s'accomodant pas aussi facilement au travail que les Birmans et les Siamois, ce qui fait que les émigrés chinois en profitent et monopolisent toutes les industries. Ils font ici le contraire de ce qu'ils pratiquaient à San-Francisco en Amérique : là ils se contentaient d'un salaire moindre que les Européens, ici, au contraire, les travailleurs manquant, ils en profitent pour se louer à des conditions plus élevées et amener un renchérissement général.

Projet d'un canal maritime à travers l'Isthme de Kra rédigé pour M. F. de Lesseps

Le canal prendrait sept ans à construire, en y employant 1.500 hommes la première année et 6.000 hommes pendant les 6 autres.

La première année serait consacrée au déboisement et à l'établissement de la ligne de tracé, soit 50 kilomètres de terrain à déboiser et déblayer sur 32 mètres de large, par 1.500 hommes à 1 fr. par jour et par homme × 180 jours seulement à cause
de l'hivernage . . . . 270.000 Fr.
Achat de 20 éléphants à 1.000 francs
chacun. . . . . 20.000 —
200 tentes et matériel . . . . 10.000 —

Pendant 6 ans de 180 jours de saison, 50 kilomètres × 32 mètres de

A reporter. . . .   300.000 Fr

Report...	300.000

large à creuser sur 8 mètres de profondeur, soit 12.800.000 mètres cubes à 1 franc 12.800.000

Suivant le commandant Loftus, la hauteur de la passe de Kra serait de 250 pieds et le cube qu'il obtient est de 84 millions de mètres en chiffres ronds, mais la section qu'il fait commence à Kra, et compte vingt milles de pays de montagnes, tandis que mon projet passant au midi de Tassan n'en compte que dix milles. Je gagne donc la moitié du cube précité.

Les chiffres de M. Loftus étant exagérés, je fais entrer en ligne de compte les travaux à exécuter aux abords de la tranchée, les déblais des terrains meubles et les dragages de Pakchan, ce qui augmente la dépense de. 42.000.000

Pour le matériel, outillage, machines. . 460.000

Pour l'expropriation de terrains sur le tracé. 100.000

Indemnité au roi de Siam pour droit de cession. 1.000.000

Intérêts de l'argent pendant la construction 10.900.000

Total en francs. . 67.560.000

Revenus :

Le tonnage général de Singapour qui sert de base était, en 1878, comme suit :

Tonnage moyen anglais et français. . 464.000 tonnes
Tonnage des autres marines euro-
   péennes. . . . . 200.000 —
Tonnage américain . . . . 173.000 —
                    Ensemble. . . . . . 837.000 tonnes

La première commission du congrès en 1878, dans une de ses séances, a fixé à 5 0/0 l'accroissement moyen et annuel du commerce maritime en général. L'exécution d'un canal à travers l'isthme n'exigeant pas moins de 7 années ; vu l'état actuel de la question on pourrait reporter à 1890 la valeur que nous venons de donner au tonnage général, augmenté de la plus value de 5 0/0 par an.

Estimation du tonnage (1878) . . .   837.000 tonnes
Augmentation 5 0/0 par an pendant
   12 ans. . . . .   502.200 —
                Grand total . . . 1.339.200 tx

En estimant le tonnage à 1.500.000 sans exagération et le transit à 4 fr. par tonne on a 6.000.000 fr., ou le revenu de 120.000.000 fr. à 5 0/0. Les passagers paieront aussi un droit de transit proportionné à celui qu'ils paient au canal de Suez.

Ce produit est motivé par la réduction de 4 jours de parcours et de 50 0/0 des dépenses que la traversée de l'isthme, comparée à la navigation par le détroit de Malaca, procurera aux navires. On calcule que les compagnies des Messageries maritimes et du Péninsular and Oriental, consommeront en moins dans ce parcours pour environ 1.000.000 fr. de charbon par an pour 104 voyages qu'elles exécutent par Singapour.

Ce qui représente une économie de 500.000 fr. par compagnie, chaque grand bâtiment brûlant environ 2.500 fr. de charbon par jour. L'économie obtenue pendant 4 jours en moins pour les dépenses afférentes au service du navire suffiront à payer le transit qui, pour un navire de 2.000 tonnaux à 4 fr., égale 8.000 fr. et qui est égal aux dépenses qu'il a à supporter en plus de son charbon pendant ces 4 jours.

Un navire de 2.000 tonneaux de jauge consomme 45.000 kil. de charbon par jour à 55 fr. par tonne, ce qui donne les 50 0/0 d'économie.

Les distances entre les divers points et la nature des terrains peuvent se décomposer de la manière suivante :

1° Dans le Pakchan, 34 kilomètres d'alluvion et de vases récentes à draguer, dont 21 kilomètres sous une épaisseur d'eau moyenne de 2 mètres;

2° La tranchée en berge et le seuil formant à peu près 12 kilomètres jusqu'au midi de Tasan sur le Tayoung et 9 kilomètres en plus jusqu'à la rivière Klong, dont une partie en terrain d'alluvion, le reste est composé de rochers, de grès et de schistes décomposés à la surface, mais que l'on pourra découvrir plus durs en dessous du sol et s'élevant graduellement jusqu'à 70 mètre de hauteur;

3° La tranchée parallèle au Tayoung, du Klong au Ploug jusqu'au point où la marée cesse de se faire sentir, ensuite continuant jusqu'au Sud de Phaï, sur un parcours de 12 kilomètres, depuis la rivière Klong où il faudra se frayer un passage au travers de terrains granitiques, mais il est possible qu'ils n'aient pas en dessous du thalweg une grande cohésion, étant pénétrés par les eaux du fleuve et les nappes d'infiltration;

4° La tranchée parallèle au Tayoung, du Sud de Phaï à l'embouchure du fleuve, pendant un parcours de 14 kilomètres.

Total pour le canal proprement dit à travers l'Isthme, de l'embouchure de la Sa-oua sur le Pakchan, dans le golfe de Bengale jusqu'à l'embouchure du Tayoung dans le golfe de Siam : 47 kilomètres.

Pour le calcul des cubes, nous avons pris les sections adoptées au canal de Panama, soit un talus de 1/8 et 1/10 dans les rochers et de 2 sur 1 pour les terrains friables. Ces inclinaisons seront plus que suffisantes.

En réunissant au profil sur le Pakchan compté au 34e kilomètre de son embouchure, le canal en berge, la tranchée du seuil, la tranchée au Sud du Tayoung jusqu'au golfe de Siam, on obtient un cubage de 54.800.000 mètres, comme nous l'avons expliqué d'autre part.

L'adoption du canal, parallèle comme tracé définitif, imposera la nécessité de régler les affluents, de les récolter ou de les diriger sur le golfe de Siam par des rigoles latérales.

Quoi qu'il en soit, toutes ces considérations numériques sont loin d'une certitude absolue; mais on reconnaîtra, nous l'espérons, qu'elles sont aussi près que possible des probabilités, selon les prévisions et les résultats des observations pratiques. Nous avons voulu exposer un programme et démontrer l'opportunité d'une entreprise qui s'imposera dans un prochain délai en raison du progrès constant des échanges et de l'activité humaine et que l'Angleterre ne laissera pas languir, si la France ne sait pas en profiter et qui est si importante pour elle.

Cet exposé ne donne qu'un aperçu du projet, mais il suffit, pour appeler l'attention et faire entrevoir la praticabilité de l'œuvre, le tracé le plus certain et par suite celui qui offre le plus de chances de succès. Des détails plus complets, accompagnés de sections et profils de tranchées qui auraient permis d'estimer le cube à enlever, n'ont pu être présentés pour le creusement du canal, faute de nivellements de précision.

Il est facile de constater qu'aucun ingénieur n'a donné des détails aussi nombreux et envisagé la question sous ces différents point de vue, faute à eux sans doute, d'avoir étudié ces contrées d'une manière assez pratique, d'y avoir séjourné pendant l'année toute entière dans l'intérieur des terres et de n'avoir pu constater d'une manière exacte les grands changements de l'aspect du pays et de ses variations physiques et climatériques. Les travaux télégraphiques, les travaux des mines, la construction de la nouvelle ligne de chemin de fer dans la vallée de Sittang, dont j'ai fourni les premiers plans et qu'on construit actuellement, les canalisations et autres travaux importants que j'ai faits tant dans l'Inde qu'en Birmanie, et la connaissance des hommes et des choses me permettent d'entreprendre sans hésiter des opérations auxquelles je suis accoutumé.

Pour l'altitude des collines au Sud du Tayoung, je les tiens des indigènes qui traversent fréquemment l'isthme; ensuite du Major Forlong, que j'ai connu à Moulmein, où il est Deputy commissioner (lieutenant gouverneur et président du conseil municipal). Il est le premier Européen qui ait traversé le pays, il a de plus tracé un projet de chemin de fer à travers l'isthme et je continue à être en rapports avec lui.

Quel que soit l'état actuel des connaissances géographiques sur la question, il n'existe pas de travaux assez complets pour qu'il ne soit pas permis de procéder encore à un nouvel examen appuyé sur des nivellements et des sondages qui détermineront définitivement le tracé qu'il conviendra de suivre.

Tout en exposant les difficultés de cette entreprise, nous sommes convaincu qu'elle est praticable. Nous ne pouvons oublier d'ailleurs que Bankok, qui verrait accroître ses richesses, est la tête de route du Yun-nan par le Meïnam et que cette voie est destinée à faire concurrence au tracé Anglo-birman par l'Irraouaddy, Bamho et Taléfou; ce n'est cependant pas une raison pour ne pas nous intéresser à la Birmanie, dont le gouvernement demande à entrer avec nous en relations amicales. Mandalay, capitale de la Birmanie, traite avec Lyon des affaires de soiries importantes. Il est donc urgent qu'un personnel consulaire intelligemment choisi y soit installé, et que nos nationaux aient la même situation que les Italiens qui y ont un consul.

L'exécution de ce projet ne sera pas sans avoir un résultat considérable pour la prépondérance de nos colonies dans les mers de la Chine, par suite du développement des routes dans les bassins du Meikong et du Song-Koi, ou fleuve rouge, vers le centre de la Chine, et l'extension du commerce de nos ports de la Cochinchine et de l'Annam ; surtout depuis que nous sommes appelés à nous établir définitivement au Tonkin, nos intérêts sont rendus solidaires de ceux de tous les peuples de l'Orient et de ceux de toutes les nations maritimes.

Dans toutes ces circonstances, la France ne manquera pas d'en tirer des avantages sérieux par suite du grand essor que prendront les différentes routes des royaumes de Birmanie, de Siam, d'Annam, du Tonkin, de la Chine et du Japon.

Pour obtenir de bons résultats, la France ne saurait rester désormais indifférente à aucun des événements politiques de l'Asie Orientale, sans tomber au dernier rang des grandes nations. Mais avec de la modération et de la fermeté en même temps, Saïgon s'agrandira par sa situation propice à l'entrée de la mer de la Chine et deviendra dans un prochain avenir, le New-York de la France dans le Far-East et comptera au nombre des capitales des deux mondes; elle nous donnera un empire colonial qui ne laissera rien à envier aux Anglais.

Les efforts combinés des peuples pour l'amélioration des voies commerciales marqueront la dernière période des annales du XIXe siècle, et les hommes de nos jours pourront dire qu'ils ont vécu le double de l'âge de leurs pères en considérant les grands progrès qu'ils ont amenés en quelques années, en rapprochant les distances, en accélérant le commerce général et en multipliant les rapports fréquents entre tous les peuples du monde.

Distances kilométriques du projet parallèlement au Sud de la rivière Tayoung

De l'île Dalisle à la pointe Victoria	35 kil.
De la pointe Victoria à la rivière Kaou-maou	34 —
De la rivière Kaou-maou jusqu'à la rivière Sa-oua	25 —
De la rivière Sa-oua jusqu'au Midi de Tasan	12 —
De Tasan jusqu'à la rivière Klong	9 —
De la rivière Klong jusqu'au point où s'arrête la marée	4 —
De la rivière Ploug où s'arrête la marée jusqu'au Midi de Phai	8 —

De Phai jusqu'au golfe de Siam . . . . 14 —
De la pointe Victoria au golfe de Siam par le tracé . . . . 106 —
De l'île Dalisle au golfe de Siam par la rivière Sa-oua. 141 —
Le canal de la rivière Sa-oua jusqu'au golfe de Siam . . . . 47 —

Compte-rendu du journal *La Ville de Paris*

Vendredi, 1er juin 1883

La Société académique Indo-Chinoise, dans sa réunion mensuelle de mai, tenue le 30, a été très-intéressante.

Parmi l'assistance, la légation de Chine était représentée par deux de ses membres.

M. Marre, ancien secrétaire-général, a lu un travail érudit sur l'Arakan (Birmanie), M. Marre mérite sous tous les rapports, nos vives félicitations pour ses études sur l'Extrême-Orient.

M. le comte Mahé de la Bourdonnais, un voyageur modeste et savant, a présenté ses propres études sur le percement d'un canal maritime dans l'isthme de Kra (Malaca), et qui a été vivement applaudi.

M. F. Deloncle a pris ensuite la parole pour annoncer le retour des ingénieurs envoyés en mission à Bankok et à la presqu'île de Malaca.

M. Léon Feer a fait de très-intéressantes remarques

et descriptions sur les monuments cambobgiens et les inscriptions récemment arrivées à Paris.

M. Millot a aussi parlé du Tonkin et des derniers événements qui sont venus douloureusement impressionner la France (la mort du commandant Rivière).

D'après M. Millot et l'honorable M. Dupuis, présent à la réunion, les craintes sur la solution de la question du Tonkin sont plus qu'exagérées et ces Messieurs espèrent qu'avec une prompte répression à la cour de Hué, tout rentrera dans l'ordre pour ne plus en sortir.

Que le gouvernement veuille bien tenir compte de l'expérience de nos concitoyens, acquise dans ce pays, et qu'ils la mettent patriotiquement au service de leur patrie.

— 281 —

Tableau comparatif des canaux maritimes exécutés, en cours d'exécution et projetés

CANAUX	Longueur du tracé	Hauteur du point culminant	Cube du déblais	Dépense	Dépense totale intérêts compris pendant l'exécution	profondeur d'eau	Largeur du plafond	Largeur au plan d'eau en terrains tendres
	kilomèt.	Mètres	Millions	Millions	Millions	Mètres	Mètres	Mètres
Suez	165	20	74	225	300	8.50	22	58
Panama	73	87	73	430	600	8.50	22	56
Corinthe	6.400	87	27	58	63	8.50	22	30
Kra, projet de M. F. Deloncle (1)	111	25	30	80	»	8.50	22	55 à 60
» » M. L. Dru	109	30	30 ou 38	80 à 100	»	8.50	22	56
» » M. Mahé de la Bourdonnais	106	70	55	65	75	8.50	22	56
» » » au compte du roi de Siam	106	70	55	90	25	8.50	22	56

(1) Données approximatives des projets.

16.

TABLE DES CHAPITRES

	Pages
Chapitre premier. — Ce que c'est que la Birmanie anglaise. — Ses limites et sa superficie. — Population. — Aisance relative des habitants. — Aspect de la côte. — L'Intérieur. — Fleuves et rivières. — l'Irraouaddy et ses sources. — Le pandit Alaga. — Les populations riveraines du haut Irraouddy. — Importance diplomatique d'une bûche de bois flotté. — Aspect général et ressources de la Birmanie. — Les bois............................	1
Chapitre II. — Rangoon. — La ville, son histoire, son importance commerciale et ses monuments. — Visite désagréable. — Tremblement de terre. — Voyage sur l'Irraouaddi jusqu'à Bassein. — Une noce sur l'eau. — Un enterrement en canot. — Fête villageoise. — Bassein et le commerce du riz. — Dégats causés à la pagode par le tremblement de terre. — Inauguration du pinacle de la pagode......	19
Chapitre III. — Populations. — Son dénombrement à différentes époques. — Questions ethnographiques. — Les Birmans et le tatouage. — Qualités et défauts de la race birmane. — Les Talaings, les Karengs, les Shans, les Khengs et les Seclangs..	33
Chapitre IV. — Le culte de Bouddha. — Analogies du Bouddhisme et du christianisme. — Richesse des monuments du culte. — La fête de Thawadehntha. — La fête de Sohn-Daw-Gyee et les repues franches. — Les filles en étalage. — Hiérarchie religieuse. — Les monastères. — Le choix d'un nom. — La robe jaune et l'instruction obligatoire. — La vie au couvent........................	50
Chapitre V. — Moulmein. — grandeur et décadence de son commerce. — Ses édifices. — Le jardin de la Birmanie. — Le Tenasserim. — Les grottes des environs de Moulmein.	67
Chapitre VI. — Représentations et représentants. — Ce qu'on nomme *praï*. — Acteurs et actrices. — Le théâtre des Marionnettes. — Les danseuses birmanes. — Le corps de ballet du roi Thibau. — Les régattes sur l'Irraouddy. — La boxe. — Les courses de taureaux et les combats de coq..	73
Chapitre VII. — Ma nomination d'ingénieur attaché à la mission de Bankok. — Les populations limitrophes du royaume de Siam. — Rencontre d'un serpent pyton et d'une panthère noire. — Kanbury, Phra-Pratom et Mekhlong. — Arrivée à Bankok. — Réception par le roi de Siam. — La ligne télégraphique de Tavoy à Bankok. — La ville de Bankok et sa pagode. — Un grand prêtre dans la saumure.	85
Chapitre VIII. — En route pour Tavoy. — Les pirates à bord du Bowen. — Merguy et ses ressources. — Les monuments de Tavoy. — Le choléra et sa guérison. — Les travaux de la ligne télégraphique de Tavoy à Moulmein. — La fièvre des jongles. — Combat d'un buffle et d'un tigre. — Chasse au léopard..........................	96
Chapitre IX. — Une chasse au tigre. — Ce n'est pas l'heure de rêver. — Bredouilles. — Mort d'un officier	

anglais. — Chassé par un buffle. — Poursuite. — Un chapeau sauveur. — Émotion. — Tout est bien qui finit bien. — Le prix du buffle qui m'a chassé. — La chasse à la tir et les canards de l'Irraouaddy. — Battue dans la forêt de Baochong. — Mort d'un mangeur d'homme.................. 107

CHAPITRE X. — Mœurs et coutumes. — Le percement des oreilles. — Le mariage et le divorce. — Agences matrimoniales. — Le *flirtage* birman. — La mort et l'enterrement. — Les astrologues. — Le tatouage. — Aventures de chasse. — La médecine et les maladies................ 122

CHAPITRE XI. — Fin des travaux de la ligne télégraphique. — La rentrée à Tavoy. — Quelques détails sur cette ville. — Carnaval. — Baptême réciproque. — Danger des buffles dans les villes... 130

CHAPITRE XII. — Les ressources de la Birmanie. — Ses progrès depuis qu'elle appartient à l'Angleterre. — Le riz, ses procédés de culture, son rendement et son commerce. — Fruits indigènes et exotiques. — Le sésame et Ali-baba. — La canne à sucre. — Le thé et le café. — Le tabac. — L'indigo. — Digues et canaux. — Les animaux domestiques.. 141

CHAPITRE XIII. — Le murier et le ver à soie. — Fabrication des tissus. — La laque et la manière de s'en servir. — Le cachou et ses usages. — Les fondeurs. — Comment on coule une statue. — Bibelots d'étage et bijoux. — Le sel, la pêche, le *gnapi*. — Chemins de fer et télégraphes. — Statistiques commerciales....................... 157

CHAPITRE XIV. — En remontant l'Irraouaddy. — Prome et ses temples. — Pagan ou splendeur et misère d'une capitale. — Meurtre d'un marchand musulman. — Ava la ville morte. — Mandalay la capitale de la Birmanie. — Ma présentation au roi Thibau. — Visite à Amarapoura. — Je photographie les sœurs du roi. — Massacres. — L'avenir de la Birmanie.. 170

CHAPITRE XV. — Je suis nommé inspecteur des carrières. — Mon personnel et mes travaux. — Je me casse le bras. — Je donne ma démission. — Ma rentrée en Europe. — Mon débarquement à Gênes............................... 185

CHAPITRE XVI. — Les anciens temps en Birmanie. — Récits des anciens voyageurs. — La conquête. — Rapports avec les Anglais. — La guerre de 1824. — Thasawaddy. — Deuxième guerre avec les Anglais. — Le roi Thibau 194

CHAPITRE XVII. — Le royaume de Siam, la Cochinchine et le Tonkin, leurs anciens rapports avec la France. — Le mouvement commercial. — Ce qui nous reste à faire dans l'Indo-Chine.. 211

CHAPITRE XVIII. — Les projets de percement de l'isthme de Kra. — MM. L. Dru et Delonde. — Différence de mon projet avec celui de mes prédécesseurs. — Le développement de la colonisation française dans l'Indo-Chine par le percement du canal de Kra. — Importance future de Saïgon dans l'extrême Orient............................. 232

www.ingramcontent.com/pod-product-compliance
Lightning Source LLC
Chambersburg PA
CBHW070753170426
43200CB00007B/760